Home-School Connection Masters

Grade 5

Contents

Involving Families in Your Classroom

The Child's First Teachers

Children learn skills, values, and traditions long before they ever enter the classroom. The first teachers in a child's life—parents, caregivers, and other family members—have the most influence on a child's success in school.

Research has shown that home involvement in school is a greater indicator of students' academic success than any other socioeconomic factor. Family involvement in the classroom and school demonstrates to children the importance of learning. Clearly, the education of children is a collaborative effort between the school and family. To facilitate family involvement, you can choose from a variety of strategies and activities.

Communicating with Families

In your role as teacher of English and literacy, you communicate the importance of learning English to children. As you plan ahead for the unique academic needs of your English language learners, plan ahead for communicating with their parents. Use these approaches to help your students understand that their home language is important and valuable as well.

Language Families of English language learners may have limited English ability. It is important for parents to encourage their children in English language acquisition while maintaining the home language. You can reinforce the value of the home language when communicating with parents.

- Send home information to families in the home language.

- Have bilingual aides call parents to personally invite them to meetings.

- Offer translation assistance appropriately and with sensitivity to the parents' role. The child should not be asked to translate in meetings with parents, and family members should not translate when information such as school performance is discussed.

Cultural Differences Gestures, eye contact, and social customs may be interpreted in different ways by people unfamiliar with a particular culture. Misunderstandings that often occur between parents or caregivers of English language learners and the school can be avoided when administrators and teachers learn about cultural differences. For example, when parents from some cultural backgrounds nod or say yes, they may not mean agreement; the parents may simply be saying that they understand what is said. Asking parents "Do you agree?" or "What do you think?" can help avoid misunderstanding.

Families from other cultures may feel that it is their role to provide their children with a moral education and it is the teacher's role to provide an academic education. In some Asian cultures, families may feel that any involvement in school would show disrespect for the teacher. These parents may seem more reserved or distant in their meetings with you, but this communication style should not be interpreted as a lack of interest in their child's education. Parents from cultures that traditionally leave the academic education of their children to the teacher can be guided gently toward a culture of involvement.

You can learn more about your students' home cultures through research and by attending cultural events and celebrations. This knowledge will reap benefits as you anticipate cultural differences and avoid misunderstandings.

Educational Background Some parents' educational experiences may have a negative impact on their views of their children's education. Parents with little school experience may be unfamiliar with school practices, such as signing report cards and grading. All parents will need detailed information on their child's ESL/ELD program. Through good communications you can successfully address parents' unfamiliarity with the school system and overcome preconceived notions about school from prior experiences.

Good communication can begin with a review of school policies and classroom procedures. Explore ways that they can be amended to address the needs of parents who are unfamiliar with processes. Conduct an open house to dispel any misunderstandings about policies and procedures. Invite families into the classroom to help familiarize them with classroom routines and to give them an opportunity to see their child's excitement and interest in learning. When parents share school experiences with their children, the result is more overall parental involvement.

Literacy Parents with limited educational opportunities may not be able to read in their home language or in English. While translations of materials can help family members with limited English ability, translation is not the solution for those who are unable to read. To insure that all parents are included, deliver important messages over the phone or arrange home visits. If family literacy programs exist in your community, make information about these programs available to parents.

Parents' Busy Lives Flexibility and understanding are essential for successful family involvement. Some parents may not be able to take time off from work for school activities. Others may be unable to bring in supplies or volunteer for classroom activities. You can help these parents to stay involved in their children's education.

- Schedule conferences at flexible, convenient times.
- Provide activities for younger siblings during conferences or other school functions.
- Serve food during conferences and meetings.
- Send home class newsletters each month listing school activities to provide ongoing information about school events so parents can plan ahead.
- Send a letter home asking parents to list preferred methods and times for communication, conferences, and meetings. At the same time, offer parents opportunities to become involved through volunteering, donating supplies, or both.

Strategies for Involving Families in the Classroom

Inviting parents, caregivers, and family members into the classroom is a step toward achieving family involvement in students' education.

First Impressions At the start of school, set a positive tone for the rest of the year. You may want to invite families to an informal gathering where student work is displayed. If possible, create signs in the children's home languages and post them in the room. Bilingual aides can welcome families in their home language and answer questions.

Home Visits Visiting families in their home is a powerful way to break down the barrier between home and school. Often, after meeting the teacher in their homes, families will feel more comfortable coming to school for conferences and open houses. Home visits also help you to learn more about the cultures of your English language learners.

Open House/Family Nights Planning several formal and informal gatherings for families throughout the year can help maintain family involvement. Including students and siblings in these events will make events special for families. For evening events, you can invite families to bring in food typical of their culture. Parents may be willing to share information about their home country's culture, such as cultural arts. Showcasing children's cultures will help build a stronger relationship between home and school.

- Use visuals, such as photos of children doing their work, displays of student projects, and videotapes of children performing. For more impact, videotape children retelling the performances in their various home languages.
- Ask children to host the event. Children can explain displayed projects to their families, list what they have been learning, and sing a song welcoming families.
- Have children sing, perform a brief skit, or demonstrate something they have learned. When their children perform, families often attend!

Parent-Teacher Conferences During conferences, some parents may be uncomfortable listening to you share information about their child's academic performance or hearing about problems their child is having in school. You can help make parents an equal partner in the process by saying "You know your child best. Could you tell something special about your child?" The parents' response can lead to a discussion on the child's strengths and weaknesses. You can then set goals for the child with the parents.

Family Stories A powerful way to show that the school values the cultures of its students is to ask children and parents to share family stories. Give children prompts to ask their parents, such as "Tell me something about our home country." Children can share the stories with the class, or family members can visit the class and tell the stories.

Parent-Teacher Workshops Workshops offer parents the opportunity to learn about educational approaches, such as shared reading, and about other topics like homework, school procedures, safety at home, and health. Workshops can be structured as single sessions of several hours, in weekly sessions, and so on. Experts can be invited to present at sessions.

Parent Volunteers Parents who volunteer in school become more familiar with classroom  routines. The parents of your English language learners may be able to share a talent or a special skill or knowledge related to a unit, such as cooking or crafts. If possible, bilingual aides can translate for parents and children during volunteer activities.

Partnership for Success

Family involvement is an important element of English language learners' success in school. You can foster a positive, collaborative relationship with their families by using strategies to involve them in your students' educational experience. Planning, flexibility, and understanding will help you build a successful partnership between family and school.

How to Use the Home-School Connection Masters

These blackline masters will help you involve the parents and caregivers of your English language learners in their literacy development. *The Home-School Connection* has three masters for each thematic unit in *On Our Way to English*—one Family Letter and two Home Activity Masters.

Family Letters Send home a Family Letter when you begin a unit to introduce the unit theme to family members. Letters are provided in English and in seven other languages—Spanish, Vietnamese, Hmong, Cantonese, Haitian Creole, Korean, and Cambodian—with the name of each language printed in English at the bottom of each letter. The Family Letter introduces the unit theme and lists theme vocabulary words that the child will learn. It also describes a retelling activity that is based on the Class Collection. Also, the letter provides instructions for the first Home Activity Master.

Home Activity Masters The first of the two Home Activity Masters is an engaging, active blackline master related to the unit theme. This master leads parents and children in a variety of activities such as talking, making observations and recording them, and drawing. This Home Activity Master helps children practice new vocabulary words related to the unit theme and higher order thinking skills, such as categorizing and predicting. Instructions for doing the activity are printed in English on the master and repeated in the Family Letter in the eight languages.

The second Home Activity Master helps children retell the main selection of the Class Collection to family members. This master has a picture or graphic organizer that shows what happens in the selection. Children can use this master to help them with their retelling. Send home this Home Activity Master after you have introduced the main selection in class. Encourage children to first retell in English and then in their home language when they are at home.

Dear Family,

Our class is ready to begin Unit 1 of *On Our Way to English*. Your child is learning about the American Revolution. Some new words that your child will learn are *colonies, colonist, independence, freedom, liberty, declare, protection, rebelled, militia, troops, opportunity, banned, immigrants,* and *settled.*

- Our class will read a play called *The Declaration of Independence*. The play takes place in 1776. It is about two girls who learn that America has declared its independence from British rule. Your child will bring home a picture that shows what happens in the play. Ask your child to use the picture to retell the play in English or in your home language.

Also, your child will bring home an activity about freedoms American citizens enjoy. Please take the time to do this Home Activity together. These are the directions as they appear on the activity:

Home Activity
Freedom Celebration

Directions:

1. Celebrate freedom! Ask your child to think about the freedoms he or she has living in the United States.
2. Help your child write each idea on a piece of paper. It might help to start with *I have the freedom to* _____ or *We have the freedom of* _____.
3. Have your child color and cut out the pictures. Glue the pictures on an empty shoebox or other small container. Put the pieces of paper into the box.
4. Take turns pulling pieces of paper from the box and reading them aloud. Talk with your child about each freedom and why each is important.

Sincerely,

____

Estimada familia:

Nuestra clase está lista para empezar la Unidad 1 de *On Our Way to English*. Su hijo o hija aprenderá sobre la independencia de los Estados Unidos. Algunas de las palabras nuevas que aprenderá son: *colonies, colonist, independence, freedom, liberty, declare, protection, rebelled, militia, troops, opportunity, banned, immigrants* y *settled*.

- Nuestra clase leerá la obra de teatro *The Declaration of Independence*. Esta obra se desarrolla en 1776 y trata de dos niñas que se enteran de que los Estados Unidos ha declarado su independencia de Inglaterra. Su hijo o hija llevará a casa una ilustración sobre lo que sucede en la obra. Pídale que con ayuda de la ilustración le cuente la obra en inglés o en su lengua materna.

Además, su hijo o hija llevará a casa una actividad sobre las libertades de las que gozan los ciudadanos estadounidenses. Por favor, dedique tiempo para realizar esta actividad junto con él o ella. Estas son las instrucciones que aparecen en la actividad:

Actividad para hacer en casa
Celebración de la libertad

Instrucciones:

1. ¡Celebren la libertad! Pida a su hijo o hija que piense en las libertades que disfruta en los Estados Unidos.
2. Ayúdele a escribir cada idea en un papelito. Puede ser útil empezar con *Tengo la libertad de _____* o *Tenemos la libertad de _____*.
3. Pídale que recorte y coloree las ilustraciones. Luego, péguelas en una caja de zapatos vacía o recipiente pequeño. Coloque las hojas de papel en la caja.
4. Tomen turnos para sacar un papelito de la caja y leerlo en voz alta. Hable con su hijo o hija sobre la importancia de cada libertad.

Atentamente,

____

Kính Gửi Phụ Huynh Học Sinh,

Lớp chúng tôi đã sẵn sàng bắt đầu Bài Số 1 của giáo trình *On Our Way to English*. Con quý vị sẽ học về cuộc cách mạng giành độc lập của Hoa Kỳ. Một số từ mới mà cháu sẽ học là *colonies, colonist, independence, freedom, liberty, declare, protection, rebelled, militia, troops, opportunity, banned, immigrants,* và *settled.*

- Lớp chúng tôi sẽ đọc một vở kịch có tên là *The Declaration of Independence.* Câu chuyện trong vở kịch diễn ra vào năm 1776. Câu chuyện kể về hai bé gái khi nghe tin Hoa Kỳ đã tuyên bố độc lập khỏi quyền cai trị của Anh. Con quý vị sẽ đem về nhà một bức tranh miêu tả diễn biến của vở kịch. Hãy yêu cầu cháu dựa vào bức tranh để kể lại câu chuyện bằng tiếng Anh hay tiếng mẹ đẻ của mình.

Con quý vị cũng sẽ đem về một bài tập về những quyền tự do mà người Mỹ được hưởng. Quý vị hãy giành chút thời gian để cùng làm Bài Tập Ở Nhà này với cháu. Các chỉ dẫn sau sẽ xuất hiện trên bài tập:

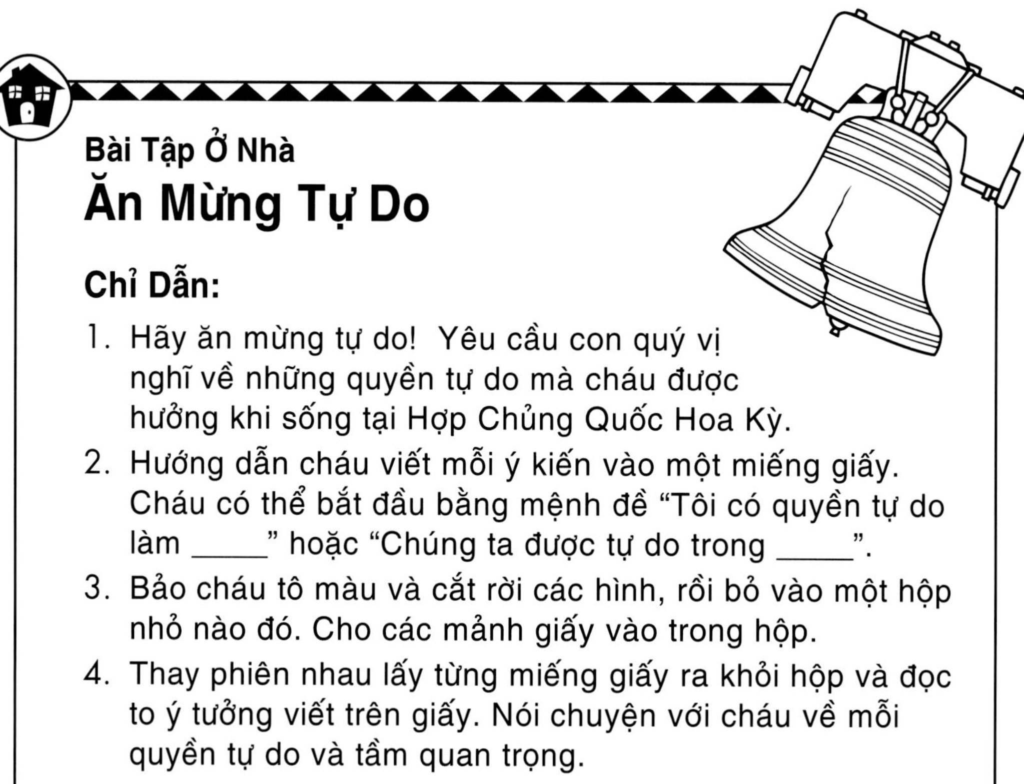

Bài Tập Ở Nhà

Ăn Mừng Tự Do

Chỉ Dẫn:

1. Hãy ăn mừng tự do! Yêu cầu con quý vị nghĩ về những quyền tự do mà cháu được hưởng khi sống tại Hợp Chủng Quốc Hoa Kỳ.
2. Hướng dẫn cháu viết mỗi ý kiến vào một miếng giấy. Cháu có thể bắt đầu bằng mệnh đề "Tôi có quyền tự do làm _____" hoặc "Chúng ta được tự do trong _____".
3. Bảo cháu tô màu và cắt rời các hình, rồi bỏ vào một hộp nhỏ nào đó. Cho các mảnh giấy vào trong hộp.
4. Thay phiên nhau lấy từng miếng giấy ra khỏi hộp và đọc to ý tưởng viết trên giấy. Nói chuyện với cháu về mỗi quyền tự do và tầm quan trọng.

Kính thư,

Hawm txog Tsoom Niam Txiv,

Peb chav kawm npaj txhij los pib Nqe 1 ntawm *On Our Way to English*. Nej tus menyuam tabtom kawm txog Amelika txoj kev ntxeev. Tej lo lus tshiab nws yuav kawm yog *colonies, colonist, independence, freedom, liberty, declare, protection, rebelled, militia, troops, opportunity, banned, immigrants,* thiab *settled.*

- Peb chav kawm yuav nyeem ib zaj yeebyam hu ua *The Declaration of Independence.* Zaj yeebyam tsim xyoo 1776. Yog hais txog ob tus ntxhais uas paub tias Amelika tau tshaj nws txoj kev ywjpheej tawm ntawm Aakiv kev tswj. Nej tus menyuam yuav nqa los tsev ib daim duab qhia txog yam tshwmsim hauv zaj yeebyam. Hais kom nws rov piav zaj yeebyam dua ua lus Aakiv lossis nej hom lus tom tsev.

Thiab, nej tus menyuam yuav nqa los tsev ib yam dejnum txog kev ywjpheej neeg Amelika zoo siab txais. Muab sijhawm los ua Tes Dejnum tom Tsev nov uake. Nov yog cov hau kev qhia ua tes dejnum:

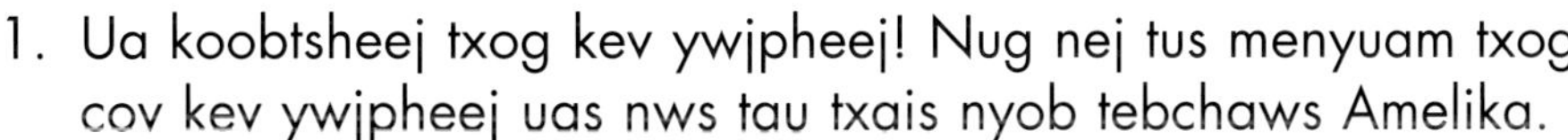

Dejnum tom Tsev
Ua koobtsheej txog kev ywjpheej

Cov Hau Kev Qhia:

1. Ua koobtsheej txog kev ywjpheej! Nug nej tus menyuam txog cov kev ywjpheej uas nws tau txais nyob tebchaws Amelika.
2. Pab nws sau txhua lub tswvyim rau ib daim ntawv dawb. Yuav pab tau yog siv *Kuv tau kev ywjpheej los _____* lossis *Peb muaj kev ywjpheej ntawm _____.*
3. Kom nws zas xim thiab txiav cov duab. Lo cov duab rau ib lub thawv qhuav. Tso cov ntawv rau hauv lub thawv.
4. Sib hloov rho tej daim ntawv tawm hauv thawv thiab nyeem tawm nrov nrov. Tham nrog nws txog txhua txoj kev ywjpheej thiab vimlicas thiaj tseemceeb.

Ua tsaug ntau,

____

親愛的家長：

我們現在要開始上*On Our Way to English*的第1單元。您的孩子正在學習美國革命史，並將會學習到下列的一些新字：*colonies, colonist, independence, freedom, liberty, declare, protection, rebelled, militia, troops, opportunity, banned, immigrants*和*settled*。

- 我們會在課堂上讀到一齣名叫*The Declaration of Independence*的戲劇，該劇的時代背景是1776年，講述兩名女孩得知美國已宣佈獨立脫離英國統治的事。您的孩子會把一幅有關這齣劇內容的圖畫帶回家。請您的孩子利用這幅畫以英語或您們家中所用的語言把這齣劇的內容再說一遍。

此外，您的孩子還將進行一項有關美國公民享有各種自由的家庭活動。請抽空與孩子一起進行這項家庭活動。以下是如何活動的指示：

家庭活動

自由萬歲

指示：

1. 自由萬歲！請孩子想一想其居於美國所享有的各種自由。
2. 幫助孩子在每張紙上寫下一個想法。先從*我有自由____*或*我們享有 ____ 的自由*這類句子開始，可以幫助孩子思考。
3. 請孩子將圖片著色後剪下來，然後將之黏在空的鞋盒或其他小盒子上。將紙條放入盒子中。
4. 輪流從盒子中抽出紙條，大聲讀出紙上的字句。跟孩子談談每一種自由以及為什麼每一種自由都很重要。

敬上

Chè fanmi,

Klas nou an prè pou l kòmanse 1e Inite nan liv *On Our Way to English*. Pitit ou an ap aprann konsènan Revolisyon Ameriken an. Kèk nouvo mo pitit ou an pral aprann se *colonies, colonist, independence, freedom, liberty, declare, protection, rebelled, militia, troops, opportunity, banned, immigrants*, epi *settled*.

- Klas nou an pral li yon pyès ki rele *The Declaration of Independence*. Pyès sa a te fèt nan ane 1776. Li pale konsènan de ti fi ki aprann Amerika te deklare endepandans li anba men Britanik. Pitit ou an pral pote lakay li yon foto ki montre ki sa k ap pase nan pyès lan. Mande pitit ou an pou li itilize foto an pou li rakonte pyès lan ankò an anglè oswa nan lang natif natal ou.

Epi, pitit ou an pral pote lakay li yon aktivite osijè libète sitwayen ameriken genyen. Tanpri pran tan pou fè Aktivite Lakay sa a ansanm. Men enstriksyon yo jan yo parèt nan aktivite a :

Aktivite Lakay
Selebrasyon Libète

Enstriksyon :

1. Selebre libète ! Mande pitit ou an pou l panse sou libète li genyen lè li abite Ozetazini.
2. Ede pitit ou an ekri chak ide sou yon moso papye. Ou ka kòmanse l avèk fraz sa a *Mwen genyen libète pou _____* oswa *Nou genyen libète _____*.
3. Fè pitit ou an kolore epi koupe foto yo. Kole foto yo avèk gòm sou yon bwat soulye ki vid oswa lòt ti bwat. Mete moso papye yo nan bwat la.
4. Atou de wòl rale moso papye yo nan bwat la epi li yo fò. Pale avèk pitit ou konsènan chak kalite libète epi poukisa chak enpòtan.

Sensèman,

학부모님께,

저희 학급은 곧 *On Our Way to English* 제 1과를 시작할 예정입니다. 학생들은 미국혁명에 대하여 배울 것입니다. 학생들이 배울 새 단어는 *colonies, colonist, independence, freedom, liberty, declare, protection, rebelled, militia, troops, opportunity, banned, immigrants, settled* 등입니다.

- 저희 학급에서는 *The Declaration of Independence*라는 희곡을 읽을 것입니다. 이 희곡의 배경은 1776년이며 내용은 미국이 영국으로부터의 독립을 선언했다는 사실을 알게 된 두 소녀에 관한 것입니다. 학생들은 희곡에서 일어났던 일을 보여주는 그림을 집에 가져갈 것입니다. 가정에서는 자녀가 그림을 이용하여 희곡의 내용을 영어나 모국어로 다시 이야기할 수 있도록 지도해 주십시오.

또한, 미국 시민이 누리는 자유에 관한 학습지를 집에 가져갈 것입니다. 학부모님은 시간을 내어 가정학습지를 자녀와 함께 하여 주십시오. 다음은 학습지 상에서 보실 수 있는 지침입니다.

가정학습지

자유를 축하합시다

지침

1. 우리의 자유를 축하합시다! 귀하의 자녀에게 미국에서 자신이 누리고 있는 자유에 대해 생각해 보도록 하십시오.
2. 그리고, 종이 한 장에 항목을 하나씩 쓰도록 합니다. "나는 ＿＿＿ 할 자유가 있습니다." 또는 "우리는 ＿＿＿ 의 자유가 있습니다." 라는 구절을 사용하여 문장을 쓰도록 도와 주십시오.
3. 자녀에게 그림을 색칠한 후 가위로 오리도록 합니다. 빈 구두 상자나 작은 용기에 그림을 풀로 붙입니다. 그리고, 문장을 쓴 종이들을 모두 상자 안에 넣습니다.
4. 차례로 돌아가며 상자에서 종이를 한 장씩 꺼내어 큰 소리로 읽어 봅니다. 각 자유에 대해 그 것이 왜 중요한지 자녀와 함께 이야기를 나누십시오.

감사합니다.

____

ជូនចំពោះគ្រួសារ,

ថ្នាក់រៀនរបស់យើងកំពុងរៀបចំ ចាប់ផ្ដើមសិក្សាភាគទី 1 នៃកម្មវិធី *On Our Way to English* ។ កូនរបស់ អ្នកនឹងត្រូវបានសិក្សាអំពីសង្គ្រាមបដិវត្តន៍របស់អាមេរិកាំង ។ ពាក្យថ្មីៗដែលកូនរបស់អ្នកនឹងត្រូវសិក្សាក្នុង កម្មវិធីនេះ មានដូចជា៖ *colonies, colonist, independence, freedom, liberty, declare, protection, rebelled, militia, troops, opportunity, banned, immigrants,* និង *settled* ។

- ថ្នាក់របស់យើងនឹងរៀនអានរឿងសម្ដែងមួយ ដែលមានចំណងជើងថា *The Declaration of Independence* ។ រឿងសម្ដែងនេះបានចាប់បដិសន្ធិឡើងក្នុងឆ្នាំ 1776 ។ ជារឿងស្ដីពីក្នុងស្រីពីរនាក់ ដែលបានដឹងថា អាមេរិកបានប្រកាសឯករាជ្យភាពរបស់គេពីការគ្រប់គ្រងរបស់ប្រទេសអង់គ្លេស ។ កូនរបស់អ្នកនឹងយករូបភាព ដែលបង្ហាញអំពីព្រឹត្តិការណ៍នៅក្នុងរឿងល្ខោននេះ មកមើលនៅផ្ទះ ។ ចូរសុំកូនរបស់អ្នក ឱ្យនិយាយអំពីរឿងសម្ដែងនេះ ជាភាសាអង់គ្លេស ឬជាភាសាកំណើតរបស់អ្នកសារឡើងវិញ ។

កូនរបស់អ្នកក៏នឹងនាំយកសកម្មភាពស្ដីពីសេរីភាពដែលជនជាតិអាមេរិកាំងពេញចិត្ត មកផ្ទះដែរ ។ សូមអ្នកមេត្តាចែករំលែក ពេលវេលា ធ្វើសកម្មភាពប្រចាំផ្ទះនេះជាមួយគ្នា ។ នេះគឺជាសេចក្ដីណែនាំ ដូចមានចែងនៅលើសកម្មភាពនេះស្រាប់៖

សកម្មភាពប្រចាំផ្ទះ៖

ពិធីអបអរសាទរចំពោះសេរីភាព

សេចក្ដីណែនាំ៖

1. ចូរអបអរសាទរចំពោះសេរីភាព! ចូរសុំឱ្យកូនរបស់អ្នកគិតអំពីសេរីភាព ដែលធ្វើឱ្យគេបានរស់នៅក្នុងសហរដ្ឋអាមេរិក ។

2. ជួយណែនាំកូនរបស់អ្នកឱ្យចារឹកនូវគោលគំនិតនិងមួយៗរបស់គេនៅលើក្រដាស ។ ប្រហែលវាអាចជួយក្នុងឱ្យ គិតបានឆាប់រហ័ស បើអ្នកនាំផ្ដើមជាម្យ៉ា៖ *ខ្ញុំមានសេរីភាពដើម្បី* _______ ឬ *ការឹងអានគេរីភាពនូវ* _______ ។

3. ឱ្យកូនរបស់អ្នកផាត់ពណ៌ ហើយកាត់រូបភាពទាំងអស់ចេញ ។ បិតរូបភាពទាំងនោះនៅលើ ប្រអប់ស្បៀកជើងដែលនៅទំនេរ ឬលើប្រអប់ត្បូចាណាផ្សេងទៀត ។ ដាក់បំណែកសន្លឹកក្រដាសដែល មានសេចក្ដីចារឹកចូលទៅ ក្នុងប្រអប់ ។

4. ដាក់វេនគ្នាទាញយកបំណែកក្រដាសទាំងនោះចេញពីប្រអប់មកវិញ ហើយអានខ្លាំងៗ ។ និយាយជាម្យុកូនរបស់អ្នកអំពីសេរីភាពនិមួយៗ ហើយប្រាប់គេឱ្យដឹង ថាហេតុអ្វីបានជាវា និមួយៗមានសារសំខាន់ ។

ដោយក្ដីស្មោះស្ម័គ្រ

Home Activity
Freedom Celebration

Directions:

1. Celebrate freedom! Ask your child to think about the freedoms he or she has living in the United States.

2. Help your child write each idea on a piece of paper. It might help to start with *I have the freedom to _____* or *We have the freedom of _____*.

3. Have your child color and cut out the pictures. Glue the pictures on an empty shoebox or other small container. Put the pieces of paper into the box.

4. Take turns pulling pieces of paper from the box and reading them aloud. Talk with your child about each freedom and why each is important.

angry
with Martha

worried
about Dad

Dolley

sorry for
being angry

happy about
independence

Dear Family,

Our class is ready to begin Unit 2 of *On Our Way to English*. Your child is learning about the federal government. Some new words that your child will learn are *political, Republican, Democrat, executive, legislative, judicial, monument, memorial, citizen, Constitution, interprets, representatives, majority, veto, influence,* and *ambassador.*

- Our class will read a book called *The Constitution and Our Government*. The book is about the constitution and the three branches of the federal government. Your child will bring home a picture that shows what happens in the book. Ask your child to use the picture to retell the book in English or in your home language.

Also, your child will bring home an activity about coins. Please take the time to do this Home Activity together. These are the directions as they appear on the activity:

Home Activity
Faces on Coins

Directions:

1. Learn about the faces on coins. Invite your child to find a penny, a nickel, a dime, and a quarter.
2. Help your child to use a dictionary or an encyclopedia to find out who is shown on each coin. Help your child write the information in the chart.
3. Invite your child to make paper coins by placing the chart over each coin and rubbing a crayon over it. Help your child cut the rubbings out and glue them back-to-back.
4. Compare the paper coins to coins or bills from other countries. Invite your child to find out who is on the coins or bills from other countries.

Sincerely,

____

Estimada familia:

Nuestra clase está lista para empezar la Unidad 2 de *On Our Way to English*. Su hijo o hija aprenderá sobre el gobierno federal. Algunas de las palabras nuevas que aprenderá son: *political, Republican, Democrat, executive, legislative, judicial, monument, memorial, citizen, Constitution, interprets, representatives, majority, veto, influence* y *ambassador*.

- Nuestra clase leerá el libro *The Constitution and Our Government*. Este libro trata de la Constitución y los tres poderes del gobierno. Su hijo o hija llevará a casa una ilustración sobre lo que sucede en el libro. Pídale que con ayuda de la ilustración cuente el libro en inglés o en su lengua materna.

Además, su hijo o hija llevará a casa una actividad sobre monedas. Por favor, dedique tiempo para realizar esta actividad junto con él o ella. Estas son las instrucciones que aparecen en la actividad:

Actividad para hacer en casa
Las caras de las monedas

Instrucciones:

1. Aprendan sobre las caras de las monedas. Invite a su hijo o hija a buscar una moneda de un centavo, una de cinco, una de diez y una de veinticinco centavos.
2. Ayude a su hijo o hija a consultar un diccionario o enciclopedia para investigar quién aparece en cada moneda. Ayúdele a escribir la información en la tabla.
3. Invite a su hijo o hija a hacer monedas de papel. Pídale que ponga la tabla sobre cada moneda y la repase con un crayón. Ayúdele a recortar las monedas por el reverso.
4. Comparen las monedas de papel con monedas o billetes de otros países. Invite a su hijo o hija a investigar quién aparece en ellos.

Atentamente,

Kính Gửi Phụ Huynh Học Sinh,

Lớp chúng tôi đã sẵn sàng bắt đầu Bài Số 2 của giáo trình *On Our Way to English*. Con quý vị sẽ học về chính quyền liên bang. Một số từ mới mà cháu sẽ học là *political, Republican, Democrat, executive, legislative, judicial, monument, memorial, citizen, Constitution, interprets, representatives, majority, veto, influence,* và *ambassador.*

- Lớp chúng tôi sẽ đọc một quyển sách có tên là *The Constitution and Our Government*, nói về hiến pháp Hoa Kỳ và ba nhánh của chính quyền liên bang. Con quý vị sẽ đem về nhà một bức tranh miêu tả nội dung quyển sách. Hãy yêu cầu cháu dựa vào bức tranh để kể lại câu chuyện bằng tiếng Anh hay tiếng mẹ đẻ của mình.

Con quý vị cũng sẽ đem về một bài tập về các đồng xu. Quý vị hãy giành chút thời gian để cùng làm Bài Tập Ở Nhà này với cháu. Các chỉ dẫn sau sẽ xuất hiện trên bài tập:

Bài Tập Ở Nhà

Những Khuôn Mặt Trên Các Đồng Xu

Chỉ Dẫn:

1. Hãy tìm hiểu về các khuôn mặt trên những đồng xu. Đề nghị con quý vị tìm những đồng 1 xu, 5 xu, 10 xu và 25 xu.

2. Bảo cháu sử dụng từ điển hay bộ sách bách khoa để tìm hiểu các khuôn mặt được in trên mỗi đồng xu. Hướng dẫn cháu điền các thông tin này vào bảng.

3. Bảo cháu làm các đồng xu bằng giấy. Đặt bảng lên mỗi loại đồng xu và chà bút sáp lên trên. Cắt rời các hình nổi lên từ màu bút sáp rồi dán hai mặt lưng lại với nhau.

4. So sánh các đồng xu giấy này với các đồng xu hoặc tiền giấy của các nước khác. Bảo cháu tìm hiểu xem các đồng xu và tiền giấy của các nước khác được in hình của ai.

Kính thư,

____

By the People   (Vietnamese)   *Unit 2*

Hawm txog Tsoom Niam Txiv,

Peb chav kawm npaj txhij los pib Nqe 2 ntawm *On Our Way to English*. Nej tus menyuam tabtom kawm txog tsoomfwv tus lijchoj. Tej lo lus tshiab nws yuav kawm yog *political, Republican, Democrat, executive, legislative, judicial, monument, memorial, citizen, Constitution, interprets, representatives, majority, veto, influence,* thiab *ambassador.*

- Peb chav kawm yuav nyeem ib phau ntawv hu ua *The Constitution and Our Government*. Phau ntawv hais txog tus cai thiab peb ceg ntawm tsoomfwv tus lijchoj. Nej tus menyuam yuav nqa los tsev ib daim duab qhia txog yam tshwmsim hauv phau ntawv. Hais kom nws rov piav phau ntawv dua ua lus Aakiv lossis nej hom lus tom tsev.

Thiab, nej tus menyuam yuav nqa los tsev ib yam dejnum txog txiaj npib. Muab sijhawm los ua Tes Dejnum tom Tsev nov uake. Nov yog cov hau kev qhia ua tes dejnum:

Dejnum tom Tsev

Ntsej Muag saum Txiaj Npib

Cov Hau Kev Qhia:

1. Kawm txog cov ntsej muag saum cov txiaj npib. Caw kom nej tus menyuam mus nrhiav ib lub txiaj ib xees, ib lub tsib xees, ib lub kaum xees, thiab ib lub neesnkaum tsib xees.
2. Pab nws siv ib phau dictionary lossis encyclopedia los nrhiav saib leej twg nyob saum txhua lub txiaj npib. Pab nws sau cov xov rau daim duab teev.
3. Caw nws los tsim ib cov npib ntawv thaum tso daim duab teev saum txhua lub npib thiab kos cwjmem dub saud. Pab nws txiav cov ntawv npib thiab muab ob sab los sib lo.
4. Pib cov nyiaj lossis npib ntawv uas tuaj lwm tebchaws tuaj. Caw nws los nrhiav saib leej twg nyob saum cov nyiaj lossis npib tuaj lwm tebchaws tuaj.

Ua tsaug ntau,

____

親愛的家長：

我們現在要開始上*On Our Way to English*的第2單元。您的孩子正在學習認識聯邦政府，並將會學習到下列的一些新字：*political, Republican, Democrat, executive, legislative, judicial, monument, memorial, citizen, Constitution, interprets, representatives, majority, veto, influence*和*ambassador*。

- 我們會在課堂上讀到一本名叫*The Constitution and Our Government*的書，這本書談的是憲法以及聯邦政府的三大部門。您的孩子會把一幅有關書本內容的圖畫帶回家。請您的孩子利用這幅畫以英語或您們家中所用的語言把這本書的內容再說一遍。

此外，您的孩子還將進行一項有關錢幣的家庭活動。請抽空與孩子一起進行這項家庭活動。以下是如何活動的指示：

家庭活動
錢幣上的人像

指示：

1. 學習認識錢幣上的人像。請孩子找出一個一分硬幣、一個五分硬幣、一個一角硬幣和一個二角五分硬幣。

2. 幫助孩子利用字典或百科全書找出每種錢幣上印有的人像是誰，並幫助孩子將找到的資訊寫在圖表上。

3. 請孩子把圖表放在各個錢幣上，用蠟筆在上面塗擦繪出紙製硬幣。幫助孩子剪下拓印出來的錢幣，將兩面黏在一起。

4. 把這些紙製硬幣與其他國家的錢幣或紙鈔比較。請孩子找出其他國家的錢幣或紙鈔上印有的人像是誰。

敬上

Chè fanmi,

Klas nou an prè pou l kòmanse 2èm Inite nan liv *On Our Way to English*. Pitit ou an ap aprann konsènan gouvènman federal la. Kèk nouvo mo pitit ou an pral aprann se *political, Republican, Democrat, executive, legislative, judicial, monument, memorial, citizen, Constitution, interprets, representatives, majority, veto, influence,* epi *ambassador.*

- Klas nou an pral li yon liv ki rele *The Constitution and Our Government*. Liv lan pale konsènan konstitisyon an ansanm ak twa branch gouvènman federal la. Pitit ou an pral pote lakay li yon foto ki montre ki sa k ap pase nan liv lan. Mande pitit ou an pou li itilize foto an pou li rakonte liv la ankò an anglè oswa nan lang natif natal ou.

Epi, pitit ou an pral pote lakay li yon aktivite osijè pyès lajan. Tanpri pran tan pou fè Aktivite Lakay sa a ansanm. Men enstriksyon yo jan yo parèt nan aktivite a :

Aktivite Lakay
Vizaj ak Pyès Lajan

Enstriksyon :

1. Aprann ki vizaj ki sou pyès lajan yo. Mande pitit ou an pou l chèche yon penich, yon senk kòb, yon dis kòb, ak yon vennsenk kòb.
2. Ede pitit ou an itilize yon diksyonè oswa yon ansiklopedi pou chèche kilès moun ki sou chak pyès lajan yo. Ede pitit ou an ekri enfòmasyon an nan tablo a.
3. Mande pitit ou an pou li fè pyès lajan an papye lè l mete tablo a sou chak pyès lajan epi pase kreyon an sou li. Ede pitit ou an koupe moso yo epi kole yo ak gòm dozado.
4. Konpare pyès lajan an papye yo avèk lajan papye oswa pyès lajan ki sot nan lòt peyi. Mande pitit ou an pou l chèche konnen kilès ki sou lajan papye oswa pyès lajan lòt peyi yo.

Sensèman,

학부모님께,

저희 학급은 곧 *On Our Way to English* 제 2과를 시작할 예정입니다. 학생들은 연방정부에 대하여 배울 것입니다. 학생들이 배울 새 단어는 *political, Republican, Democrat, executive, legislative, judicial, monument, memorial, citizen, Constitution, interprets, representatives, majority, veto, influence, ambassador* 등입니다.

- 저희 학급에서는 *The Constitution and Our Government*라는 책을 읽을 것입니다. 이 책은 연방정부의 구조 및 정부 내의 세 가지 분야에 대한 내용입니다. 학생들은 이야기책에서 일어났던 일을 보여주는 그림을 집으로 가져갈 것입니다. 가정에서는 자녀가 그림을 이용하여 책의 내용을 영어나 모국어로 다시 이야기할 수 있도록 지도해 주십시오.

또한, 동전에 관한 학습지를 집에 가져갈 것입니다. 학부모님은 시간을 내어 가정학습지를 자녀와 함께 하여 주십시오. 다음은 학습지 상에서 보실 수 있는 지침입니다.

가정학습지

동전에 나오는 인물

지침

1. 동전에 나오는 인물에 대해 조사해 봅시다. 자녀와 함께 1, 5, 10, 25센트 짜리 동전을 하나씩 준비합니다.
2. 자녀가 백과사전 또는 사전을 통해 각 동전에 나오는 인물에 대해 알아보도록 도와 주십시오. 알아낸 정보를 도표에 쓰도록 도와 주십시오.
3. 동전 위에 도표를 놓고 크레용으로 문질러 동전의 모양을 종이에 떠서 종이동전을 만들게 하십시오. 그리고, 모양을 뜬 종이를 가위로 오리고 뒷면이 마주보도록 풀로 붙이도록 합니다.
4. 종이동전과 다른 나라의 동전 또는 지폐를 비교해 봅니다. 다른 나라의 동전이나 지폐에는 어떤 사람들이 나와 있는지 자녀와 함께 알아봅니다.

감사합니다.

ជូនចំពោះគ្រួសារ,

ថ្នាក់រៀនរបស់យើងកំពុងរៀបចំចាប់ផ្ដើមសិក្សាភាគទី 2 នៃកម្មវិធី *On Our Way to English* ។ កូនរបស់អ្នកនឹងត្រូវបានសិក្សាអំពីរដ្ឋាភិបាលសហព័ន្ធ ។ ពាក្យថ្មីៗខ្លះដែលកូនរបស់អ្នកនឹងត្រូវសិក្សាក្នុងកម្មវិធីនេះ មានដូចជា៖ *political, Republican, Democrat, executive, legislative, judicial, monument, memorial, citizen, Constitution, interprets, representatives, majority, veto, influence,* និង *ambassador* ។

- ថ្នាក់របស់យើងនឹងរៀនអានសៀវភៅមួយច្បាប់ ដែលមានចំណងជើងថា *The Constitution and Our Government* ។ សៀវភៅនេះរៀបរាប់អំពីរដ្ឋធម្មនុញ្ញ និងសាខាទាំងបីនៃរដ្ឋាភិបាលកណ្ដាល ។ កូនរបស់ អ្នកនឹងយករូបភាព ដែលបង្ហាញអំពីព្រឹត្តិការណ៍នៅក្នុងសៀវភៅនេះ មកមើលនៅឯផ្ទះ ។ ចូរសុំកូនរបស់អ្នកឲ្យនិយាយ អំពីសៀវភៅនេះជាភាសាអង់គ្លេស ឬជាភាសាកំណើតរបស់អ្នកសាឡើងវិញ ។

កូនរបស់អ្នកក៏នឹងនាំយកសកម្មភាពស្ដីពីប្រាក់កាក់ មកផ្ទះដែរ ។ សូមអ្នកមេត្តាចែករំលែកពេលវេលា ធ្វើសកម្មភាពប្រចាំ ផ្ទះនេះជាមួយគ្នា ។ នេះគឺជាសេចក្ដីណែនាំ ដូចមានចែងនៅលើសកម្មភាពនេះស្រាប់៖

សកម្មភាពប្រចាំផ្ទះ៖

រូបមុខនៅលើប្រាក់កាក់

សេចក្ដីណែនាំ៖

1. ចូរសិក្សាអំពីរូបមុខនៅលើប្រាក់កាក់ ។ សុំឲ្យកូនរបស់អ្នករកប្រាក់កាក់មួយសេនមួយ ប្រាក់កាក់ប្រាំសេនមួយ ប្រាក់កាក់ដប់សេនមួយ និងប្រាក់កាក់ម្ភៃប្រាំសេនមួយ ។

2. ជួយណែនាំកូនរបស់អ្នក ឲ្យប្រើវចនានុក្រម ឬសព្វវចនាធិប្បាយ ដើម្បីស្រាវជ្រាវរកបវរណាដែល មានមុខនៅលើប្រាក់កាក់ទាំងនោះ ។ ជួយណែនាំកូនរបស់អ្នក ឲ្យសរសេរពតិមានចុះក្នុងតំនូស តារាង ។

3. សុំឲ្យកូនរករាស់អ្នកធ្វើក្រដាសក្រប្រាក់កាក់ដោយរេដាក់ក្រដាសដែលរោនរកំនូសតារាងនៅលើប្រាក់កាក់ ហើយយកខ្មៅដៃពណ៌ត្រដុសពីលើវា ។ ជួយណែនាំកូនរបស់អ្នក ឲ្យកាត់រូបដែលបានត្រដុស នោះចេញ ហើយបិទខ្នងរបស់វាភ្ជាប់គ្នា ។

4. ប្រៀបធៀបប្រាក់កាក់ក្រដាសនោះទៅនឹងប្រាក់កាក់ឬក្រដាសប្រាក់ពីប្រទេសដទៃ ។ សុំកូនរបស់អ្នក ឲ្យរកមើល ថាតើរណាមានមុខនៅលើប្រាក់កាក់ពីប្រទេសដទៃនោះ ។

ដោយក្ដីស្មោះស្ម័គ្រ

Home Activity
Faces on Coins

		Front Rubbing	**Back Rubbing**
Penny	Who is it? ______________ ______________ ______________		
Nickel	Who is it? ______________ ______________ ______________		
Dime	Who is it? ______________ ______________ ______________		
Quarter	Who is it? ______________ ______________ ______________		

Directions:

1. Learn about the faces on coins. Invite your child to find a penny, a nickel, a dime, and a quarter.
2. Help your child to use a dictionary or an encyclopedia to find out who is shown on each coin. Help your child write the information in the chart.
3. Invite your child to make paper coins by placing the chart over each coin and rubbing a crayon over it. Help your child cut the rubbings out and glue them back-to-back.
4. Compare the paper coins to coins or bills from other countries. Invite your child to find out who is on the coins or bills from other countries.

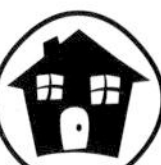

Name ____

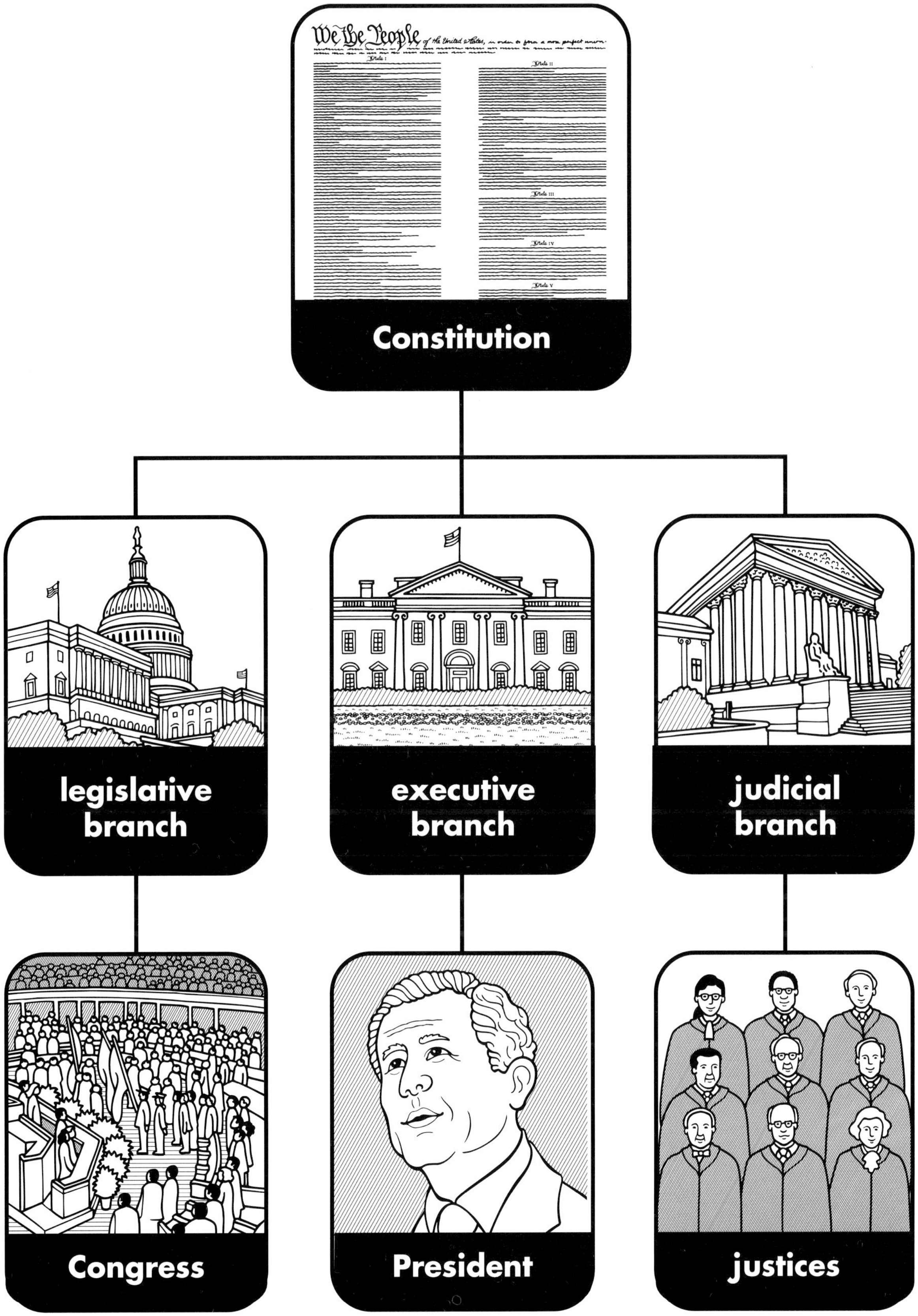
We the People
Constitution
legislative branch
executive branch
judicial branch
Congress
President
justices

Dear Family,

Our class is ready to begin Unit 3 of *On Our Way to English*. Your child is learning about sound. Some new words that your child will learn are *musical, instruments, vibrations, eardrums, volume, pitch, percussion, entertain, creaking, echoes, amplify, sound waves, muffle,* and *cymbals.*

- Our class will read a story called *The Loveliest Song of All.* The story is a Mayan folktale in which a princess agrees to marry a young man who plays a special flute. Your child will bring home a picture that shows what happens in the story. Ask your child to use the picture to retell the story in English or in your home language.

Also, your child will bring home an activity about making and listening to sounds. Please take the time to do this Home Activity together. These are the directions as they appear on the activity:

Home Activity
Make Some Sounds

Directions:

1. Help your child find a cardboard tube. Those inside rolls of paper towels, plastic wrap, aluminum foil, and wrapping paper will work well.
2. Invite your child to color and cut out the pictures. Use the pictures to decorate the tube.
3. Encourage your child to make sounds into one end of the tube while you listen at the other end. Suggest to your child to try whispering, talking, singing, whistling, tapping, and humming. Try other sounds, too! Take turns being the "noise-maker" and the "listener."
4. Talk about how the noises sound different when made and heard through the tube.

Sincerely,

____

　　　　Now Hear This!　　　　(English)　　　　*Unit 3*

Estimada familia:

Nuestra clase está lista para empezar la Unidad 3 de *On Our Way to English*. Su hijo o hija aprenderá sobre el sonido. Algunas de las palabras nuevas que aprenderá son: *musical, instruments, vibrations, eardrums, volume, pitch, percussion, entertain, creaking, echoes, amplify, sound waves, muffle* y *cymbals*.

- Nuestra clase leerá el cuento *The Loveliest Song of All*. Este es un cuento tradicional maya en el que una princesa acepta casarse con un joven que toca una flauta especial. Su hijo o hija llevará a casa una ilustración sobre lo que sucede en el cuento. Pídale que con ayuda de la ilustración cuente el cuento en inglés o en su lengua materna.

Además, su hijo o hija llevará a casa una actividad sobre cómo producir y escuchar sonidos. Por favor, dedique tiempo para realizar esta actividad junto con él o ella. Estas son las instrucciones que aparecen en la actividad:

Actividad para hacer en casa
¡Haz ruidos!

Instrucciones:

1. Ayude a su hijo o hija a encontrar un tubo de cartón, como los rollos de las toallas de papel, papel aluminio y envolturas de plástico o papel.
2. Invite a su hijo o hija a colorear y recortar las ilustraciones. Decoren el tubo con ellas.
3. Anime a su hijo o hija a hacer sonidos por un lado del tubo mientras usted escucha del otro. Sugiérale susurrar, hablar, cantar, silbar, golpetear y tararear. ¡Prueben con sonidos distintos! Túrnense para hacer ruidos y escuchar.
4. Hable sobre cómo cambian los sonidos cuando se hacen y escuchan dentro del tubo.

Atentamente,

____

Kính Gửi Phụ Huynh Học Sinh,

Lớp chúng tôi đã sẵn sàng bắt đầu Bài Số 3 của giáo trình *On Our Way to English*. Con quý vị sẽ học về âm thanh. Một số từ mới mà cháu sẽ học là *musical, instruments, vibrations, eardrums, volume, pitch, percussion, entertain, creaking, echoes, amplify, sound waves, muffle*, và *cymbals*.

- Lớp chúng tôi sẽ đọc một câu chuyện có tên là *The Loveliest Song of All*. Đây là một câu chuyện dân gian của người Maya nói về một nàng công chúa đã đồng ý lấy một chàng trai trẻ biết thổi một cây sáo thần làm chồng. Con quý vị sẽ đem về nhà một bức tranh miêu tả diễn biến của câu chuyện. Hãy yêu cầu cháu dựa vào bức tranh để kể lại câu chuyện bằng tiếng Anh hay tiếng mẹ đẻ của mình.

Con quý vị cũng sẽ đem về một bài tập về việc tạo ra và lắng nghe các âm thanh. Quý vị hãy giành chút thời gian để cùng làm Bài Tập Ở Nhà này với cháu. Các chỉ dẫn sau sẽ xuất hiện trên bài tập:

Bài Tập Ở Nhà

Tạo Ra Các Âm Thanh

Chỉ Dẫn:

1. 1- Giúp con quý vị tìm một cái ống làm bằng bìa cứng. Có thể dùng các lõi giấy của cuộn khăn giấy, cuộn giấy gói ny-lon, cuộn lá nhôm hay giấy gói thông thường.

2. Bảo cháu tô màu và cắt rời các bức tranh. Dùng các bức tranh này để trang trí ống giấy.

3. Bảo cháu tạo ra các tiếng động ở một đầu ống trong khi quý vị lắng nghe ở đầu kia. Gợi ý cho cháu thử thì thầm, nói chuyện, hát, huýt sáo, gõ nhẹ, ngậm miệng ngâm nga cũng như những âm thanh khác nữa. Thay phiên nhau làm "người gây tiếng động" và "người nghe".

4. Nói chuyện với cháu về việc các tiếng động nghe khác nhau khi được tạo ra và khi được nghe qua ống giấy.

Kính thư,

Now Hear This!   (Vietnamese)

Hawm txog Tsoom Niam Txiv,

Peb chav kawm npaj txhij los pib Nqe 3 ntawm *On Our Way to English*. Nej tus menyuam tabtom kawm txog suab. Tej lo lus tshiab nws yuav kawm yog *musical, instruments, vibrations, eardrums, volume, pitch, percussion, entertain, creaking, echoes, amplify, sound waves, muffle,* thiab *cymbals*.

- Peb chav kawm yuav nyeem ib zaj dabneeg hu ua *The Loveliest Song of All*. Zaj dabneeg yog ib zaj dabneeg Mayan teev tias ib tus ntxhais huabtais pomzoo yuav ib tus tub hluas kws tshuab ib lub raj phijxej. Nej tus menyuam yuav nqa los tsev ib daim duab qhia txog yam tshwmsim hauv zaj dabneeg. Hais kom nws rov piav zaj dabneeg dua ua lus Aakiv lossis nej hom lus tom tsev.

Thiab, nej tus menyuam yuav nqa los tsev ib yam dejnum txog tsim thiab mloog suab. Muab sijhawm los ua Tes Dejnum tom Tsev nov uake. Nov yog cov hau kev qhia ua tes dejnum:

Dejnum tom Tsev
Tsim Tej Cov Suab

Cov Hau Kev Qhia:

1. Pab nej tus menyuam nrhiav ib lub raj ntawv. Cov raj ntawv so tes, ntawv roj hmab, ntawv txhuas, thiab ntawv qhwv uas siv tau kam.
2. Hais kom nws zas xim thiab txiav cov duab tawm. Siv cov duab los zas lub raj ntawv.
3. Txhawb nws tsim suab nrov rau lub tw raj thaum nej mloog sab tom ub. Muab tswvyim kom nws ntxhi, hais lus, seev suab, xuav, npuaj tes, thiab nyooj. Sim lwm hom suab thiab! Sib hloov ua tus "tsim-suab" thiab tus "mloog."
4. Tham txog tias suab sib txawv licas thaum mloog sab raj tod.

Ua tsaug ntau,

____

親愛的家長：

我們現在要開始上 *On Our Way to English* 的第3單元。您的孩子正在學習認識聲音，並將會學習到下列的一些新字：*musical, instruments, vibrations, eardrums, volume, pitch, percussion, entertain, creaking, echoes, amplify, sound waves, muffle* 和 *cymbals*。

- 我們會在課堂上讀到一個名叫 *The Loveliest Song of All* 的馬雅人民間故事，故事講述一位公主同意嫁給一個會吹奏一支奇特笛子的年輕人。您的孩子會把一幅有關故事內容的圖畫帶回家。請您的孩子利用這幅畫以英語或您們家中所用的語言把這個故事再說一遍。

此外，您的孩子還將進行一項有關發聲和聽聲的家庭活動。請抽空與孩子一起進行這項家庭活動。以下是如何活動的指示：

家庭活動
製造聲音

指示：

1. 幫助孩子找一個硬紙筒。抹手紙、食物保鮮紙、鋁箔紙和包裝紙內的硬紙筒都可以。
2. 請孩子將圖片著色後剪下來，用這些圖片裝飾紙筒。
3. 鼓勵孩子在筒子的一端發聲，而您在另一端聆聽。建議孩子嘗試小聲耳語、説話、唱歌、吹口哨、拍擊和低吟，並嘗試弄出其他聲音！輪流扮演「發聲者」和「聆聽者」。
4. 談談透過筒子發出或聆聽這些聲音時，聽起來有何不同。

敬上

Chè fanmi,

Klas nou an prè pou l kòmanse 3èm Inite nan liv *On Our Way to English*. Pitit ou an ap aprann konsènan son. Kèk nouvo mo pitit ou an pral aprann se *musical, instruments, vibrations, eardrums, volume, pitch, percussion, entertain, creaking, echoes, amplify, sound waves, muffle,* epi *cymbals.*

- Klas nou an pral li yon istwa ki rele *The Loveliest Song of All.* Istwa a pale konsènan yon istwa tradisyonèl Maya kote prensès la dakò pou l marye avèk yon jèn gason ki jwe yon flit espesyal. Pitit ou an pral pote lakay li yon foto ki montre ki sa k ap pase nan istwa a. Mande pitit ou an pou li itilize foto an pou li rakonte istwa a ankò an anglè oswa nan lang natif natal ou.

Epi, pitit ou an pral pote lakay li yon aktivite osijè fason pou fè epi pou tande son. Tanpri pran tan pou fè Aktivite Lakay sa a ansanm. Men enstriksyon yo jan yo parèt nan aktivite a :

Aktivite Lakay
Fè Kèk Son

Enstriksyon :

1. Ede pitit ou an chèche yon tib an katon. Ou ka itilize tib ki andedan woulo papye tòchon, papye plastik, papye aliminyòm, epi papye pou vlope kado.
2. Mande pitit ou an pou l kolore epi koupe foto yo. Itilize foto yo pou dekore tib lan.
3. Ankouraje pitit ou an pou l fè son nan yon pwent tib lan pandan w ap tande son an nan lòt pwent tib lan. Sijere l pou li eseye chichote, pale, chante, sifle, tape epi fredone. Eseye lòt son tou ! Chak moun ap pran tou pa yo pou yo "fè bri" epi pou yo "tande bri."
4. Pale sou fason bri sonnen diferan lè yo fè bri a epi yo tande l nan tib lan.

Sensèman,

학부모님께,

저희 학급은 곧 *On Our Way to English* 제 3과를 시작할 예정입니다. 학생들은 소리에 대하여 배울 것입니다. 학생들이 배울 새 단어는 *musical, instruments, vibrations, eardrums, volume, pitch, percussion, entertain, creaking, echoes, amplify, sound waves, muffle, cymbals* 등입니다.

- 저희 학급에서는 *The Loveliest Song of All*이라는 이야기책을 읽을 것입니다. 이 책은 신기한 피리를 부는 젊은이와 결혼을 하기로 약속하는 한 공주에 관한 이야기로 마야민족의 전설입니다. 학생들은 이야기책에서 일어났던 일을 보여주는 그림을 집으로 가져갈 것입니다. 가정에서는 자녀가 그림을 이용하여 책의 내용을 영어나 모국어로 다시 이야기할 수 있도록 지도해 주십시오.

또한, 소리내기 및 듣기에 관한 학습지를 집에 가져갈 것입니다. 학부모님은 시간을 내어 가정학습지를 자녀와 함께 하여 주십시오. 다음은 학습지 상에서 보실 수 있는 지침입니다.

가정학습지

소리를 내보자

지침

1. 자녀와 함께 튜브형으로 된 두꺼운 종이를 준비하십시오. 키친 페이퍼, 랩, 호일 또는 선물용 포장지 내에 들어있는 종이 등을 사용할 수 있습니다.
2. 자녀가 그림을 색칠하고 가위로 오리도록 합니다. 완성된 그림으로 튜브를 예쁘게 장식합니다.
3. 자녀가 튜브의 한 쪽에 입을 갖다 대고 소리를 내면 부모님은 다른 한 쪽에 귀를 대고 들어봅니다. 자녀에게 귓속말 하기, 말하기, 노래, 휘파람, 똑딱거리기, 흥얼거리기 등 여러 방법으로 소리를 내 보도록 하십시오. 이 외의 다른 소리들도 시험해 보십시오. "소리 내는 사람" "듣는 사람"의 역할을 서로 바꾸어서 위 실험을 해 보십시오.
4. 튜브를 통해서 소리를 내거나 들었을 때 소리가 어떻게 다른지 이야기를 나누십시오.

감사합니다.

ជូនចំពោះគ្រួសារ,

ថ្នាក់រៀនរបស់យើងកំពុងរៀបចំ ចាប់ផ្តើមសិក្សាភាគទី 3 នៃកម្មវិធី *On Our Way to English* ។ កូនរបស់ អ្នកនឹងត្រូវបានសិក្សាអំពីសម្លេង ។ ពាក្យថ្មីៗដែលកូនរបស់អ្នកនឹងត្រូវសិក្សាក្នុងកម្មវិធីនេះ មានដូចជាៈ *musical, instruments, vibrations, eardrums, volume, pitch, percussion, entertain, creaking, echoes, amplify, sound waves, muffle,* និង *cymbals* ។

- ថ្នាក់របស់យើងនឹងរៀនអានរឿងមួយ ដែលមានចំណងជើងថា *The Loveliest Song of All* ។ រឿងនេះគឺជារឿងប្រជាប្រិយរបស់ជនជាតិ Mayan ដែលក្នុងនោះ មានព្រះអម្ចាស់ក្សត្រិយមួយព្រះអង្គ បានយល់ព្រាមព្រះហប្ញទ័យរៀបអភិសេកជាមួយបុរសក្មេងម្នាក់ ដែលចេះផ្លុំខ្លុយយ៉ាងពិសេស ។ កូនរបស់អ្នកនឹងយកូរូបភាព ដែលបង្ហាញ អំពីព្រឹត្តិការណ៍ក្នុងសាច់រឿងនេះ មកមើលនៅផ្ទះ ។ ចូរសុំកូនរបស់អ្នក ឲ្យនិយាយអំពីរឿងនេះជាភាសាអង់គ្លេស ឬជាភាសាកំណើតរបស់អ្នកសាឡើងវិញ ។

កូនរបស់អ្នកក៏នឹងនាំយកសកម្មភាពស្តីពីការបង្កើតនិងការស្តាប់សម្លេង មកផ្ទះដែរ ។ សូមអ្នកមេត្តាចែករំលែក ពេលវេលា ធ្វើសកម្មភាពប្រចាំផ្ទះនេះជាមួយគ្នា ។ នេះគឺជាសេចក្តីណែនាំ ដូចមានចែងនៅលើ សកម្មភាពនេះស្រាប់ៈ

សកម្មភាពប្រចាំផ្ទះៈ

ធ្វើឲ្យពួចេញជាសម្លេងខ្លះៈ

សេចក្តីណែនាំៈ

1. ជួយណែនាំកូនរបស់អ្នក ឲ្យរកបំពង់ក្រដាសកាតុងមួយ ។ បំពង់ទាំងនោះមានដូចជា បំពង់ស្កុលសម្រាប់រុំក្រដាសជូតតង់ បំពង់រុំក្រដាសបាញ់ស្តិក បំពង់រុំក្រដាសអាលុយមីនយ៉ូម និងបំពង់រុំក្រដាសផ្សេងៗទៀត ក៏អាចប្រើការបានដូចគ្នា ។

2. សុំឲ្យកូនរបស់អ្នកកាត់ពណ៌ ហើយកាត់រូបភាពចេញ ។ ប្រើរូបភាពទាំងនោះសម្រាប់តុបតែង លំអរបំពង់ ។

3. ជួយលើកទឹកចិត្តដល់កូនរបស់អ្នក ឲ្យបំពង់សម្លេងនៅឮខាងចុងម្នាងនៃបំពង់ ក្នុងខណៈដែលអ្នក កំពុងស្តាប់នៅ ចុងម្នាងទៀត ។ ឲ្យរៀបាបលដល់កូនរបស់អ្នក ឲ្យសាកល្បងនិយាយ ច្រៀង ហ្ញូច គោះតិចៗ និងធ្វើសម្លេង ហ្ញឺមៗ ។ សាកល្បងបញ្ចេញសម្លេងផ្សេងៗទៀតក៏បាន! ចូរវេនគ្នាទៅវិញទៅមក ឲ្យម្នាក់ធ្វើជាអ្នក"បំពង់សម្លេង" ហើយម្នាក់ទៀតជា"អ្នកស្តាប់" ។

4. ចូរវិរកញែកអំពីបែបបទដែលធ្វើឲ្យសម្លេងខ្លៀវខ្លាទាំងនោះបានបញ្ចេញសូរស្សៀងខុសៗគ្នា នៅពេលដែលត្រូវបានបញ្ចេញនិងស្តាប់តាមបំពង់ ។

ដោយក្តីស្មោះស្ម័គ្រ

Home Activity
Make Some Sounds

Directions:

1. Help your child find a cardboard tube. Those inside rolls of paper towels, plastic wrap, aluminum foil, and wrapping paper will work well.

2. Invite your child to color and cut out the pictures. Use the pictures to decorate the tube.

3. Encourage your child to make sounds into one end of the tube while you listen at the other end. Suggest to your child to try whispering, talking, singing, whistling, tapping, and humming. Try other sounds, too! Take turns being the "noise-maker" and the "listener."

4. Talk about how the noises sound different when made and heard through the tube.

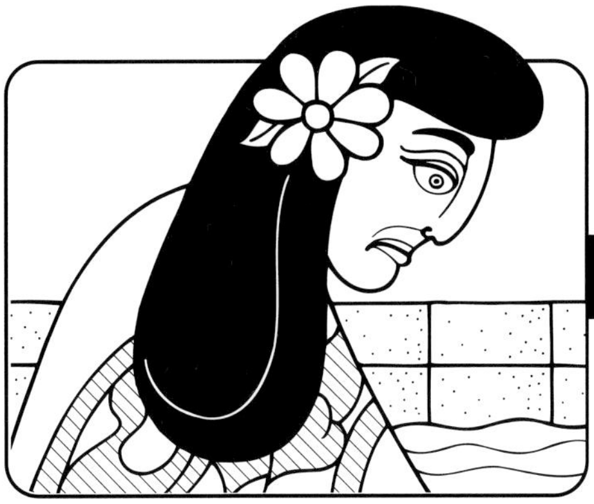

princess is sad

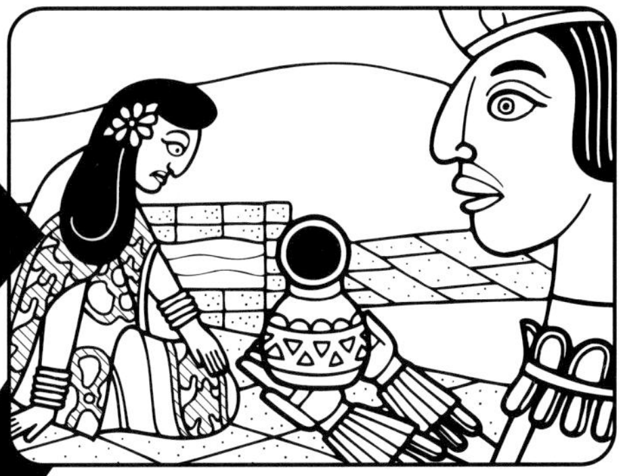

king tries to help

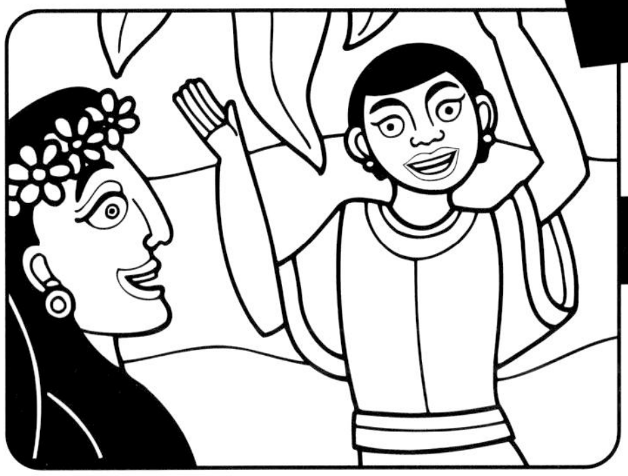

princess meets man

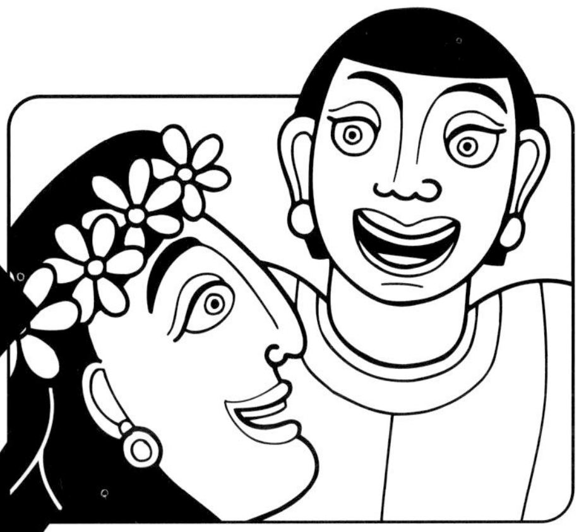

man wants
to marry her

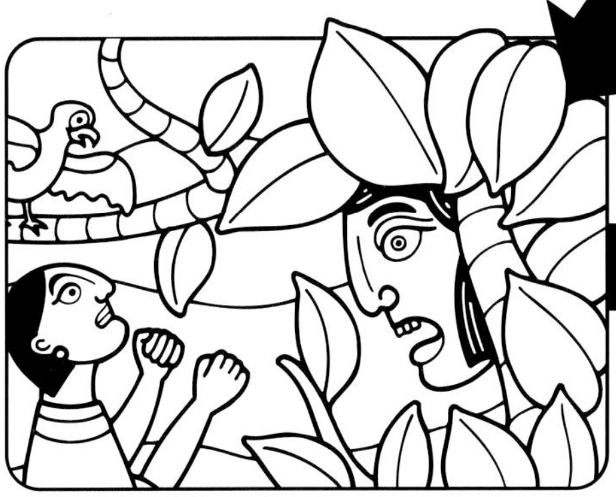

**Spirit of the
Woods helps**

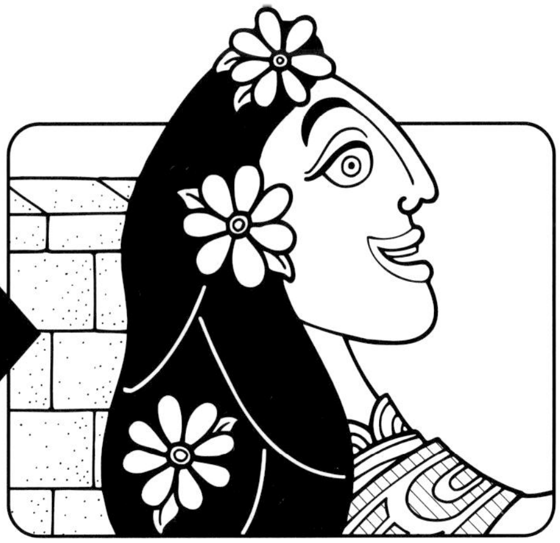

princess is happy

Dear Family,

Our class is ready to begin Unit 4 of *On Our Way to English*. Your child is learning about the deep sea. Some new words that your child will learn are *predators, prey, adaptation, behavior, octopus, squid, environment, tentacles, pressure, chemical, poisonous, bacteria, transparent, reflective, habitats, shipwreck,* and *aquarium.*

- Our class will read a book called *Life Deep Down*. The book is about the deep parts of the ocean and some creatures that live there. Your child will bring home a picture that shows what happens in the book. Ask your child to use the picture to retell the book in English or in your home language.

Also, your child will bring home an activity about the deep sea and measurements. Please take the time to do this Home Activity together. These are the directions as they appear on the activity:

Home Activity
How Deep Is 1,000 Feet?

Directions:

1. Help your child determine how the measurements of common objects compare to the depth at which giant squid are found in the ocean: 1,000 feet.

2. Select some objects from around the house, such as a pencil or an apple. Help your child measure the height of each object and write the measurement in the chart.

3. Help your child calculate how many of each object stacked on top of one another would be needed to equal 1,000 feet. Use this formula with a calculator: 12,000 ÷ (height of object). Invite your child to enter the results in the fourth column of the chart.

4. Measure your child and help him or her calculate how many of him or her would be needed to create a stack 1,000 feet high.

Sincerely,

____

                In the Deep   (English)   *Unit 4*

Estimada familia:

Nuestra clase está lista para empezar la Unidad 4 de *On Our Way to English*. Su hijo o hija aprenderá sobre las profundidades del mar. Algunas de las palabras nuevas son: *predators, prey, adaptation, behavior, octopus, squid, environment, tentacles, pressure, chemical, poisonous, bacteria, transparent, reflective, habitats, shipwreck* y *aquarium*.

- Nuestra clase leerá el libro *Life Deep Down*. Este libro trata de las partes más profundas del océano y de las criaturas que habitan en ellas. Su hijo o hija llevará a casa una ilustración sobre lo que sucede en el libro. Pídale que con ayuda de la ilustración cuente el libro en inglés o en su lengua materna.

Además, su hijo o hija llevará a casa una actividad sobre las profundidades del mar y las medidas. Por favor, dediquen tiempo para realizar esta actividad juntos. Estas son las instrucciones que aparecen en la actividad:

Actividad para hacer en casa

¿Qué tan hondo son 1,000 pies de hondo?

Instrucciones:

1. Ayude a su hijo o hija a comparar las medidas de objetos comunes con la profundidad a la que viven los calamares gigantes: 1,000 pies.
2. Escoja varios objetos de la casa, como un lápiz o una manzana. Midan juntos la altura de cada uno y escríbanla en la tabla.
3. Ayúdele a calcular cuántos objetos serían necesarios encimar para alcanzar 1,000 pies. Use esta fórmula y una calculadora: 12,000 ÷ (altura del objeto). Invite a su hijo o hija a escribir los resultados en la cuarta columna.
4. Mida la estatura de su hijo o hija y calculen cuántas personas de su estatura se necesitarían para formar un montón de 1,000 pies de alto.

Atentamente,

Kính Gửi Phụ Huynh Học Sinh,

Lớp chúng tôi đã sẵn sàng bắt đầu Bài Số 4 của giáo trình *On Our Way to English*. Con quý vị sẽ học về biển cả. Một số từ mới mà cháu sẽ học là *predators, prey, adaptation, behavior, octopus, squid, environment, tentacles, pressure, chemical, poisonous, bacteria, transparent, reflective, habitats, shipwreck,* và *aquarium*.

- Lớp chúng tôi sẽ đọc một quyển sách có tên *Life Deep Down*. Quyển sách nói về những khu vực nằm sâu dưới đáy biển và các sinh vật sống ở đó. Con quý vị sẽ đem về nhà một bức tranh miêu tả nội dung quyển sách. Hãy yêu cầu cháu dựa vào bức tranh để kể lại câu chuyện bằng tiếng Anh hay tiếng mẹ đẻ của mình.

Con quý vị cũng sẽ đem về một bài tập về biển cả và cách đo độ sâu. Quý vị hãy giành chút thời gian để cùng làm Bài Tập Ở Nhà này với cháu. Các chỉ dẫn sau sẽ xuất hiện trên bài tập:

Bài Tập Ở Nhà

Một Nghìn Foot Thì Sâu Đến Mức Nào Nhỉ?

Chỉ Dẫn:

1. Hướng dẫn con quý vị so sánh độ dài của các đồ vật thông thường với độ sâu của nơi mà người ta có thể tìm thấy những con mực khổng lồ trong biển cả: 1000 foot.

2. Chọn một vài đồ vật trong nhà, như một cái bút chì hay một quả táo chẳng hạn. Hướng dẫn cháu đo chiều cao của mỗi vật rồi ghi vào bảng.

3. Giúp cháu tính xem phải cần bao nhiêu vật mỗi loại đặt chồng lên nhau để có được độ dài 1000 foot. Hãy dùng máy tính cùng với công thức: 12,000 ÷ (chiều cao của vật). Bảo cháu điền kết quả vào cột thứ tư của bảng.

4. Đo chiều cao của cháu và giúp cháu tính xem phải có bao nhiêu người như cháu đứng chồng lên nhau thì mới có được chiều cao 1000 foot.

Kính thư,

In the Deep   Vietnamese   Unit 4

Hawm txog Tsoom Niam Txiv,

Peb chav kawm npaj txhij los pib Nqe 4 ntawm *On Our Way to English*. Nej tus menyuam tabtom kawm txog tsoomfwv tus lijchoj. Tej lo lus tshiab nws yuav kawm yog *predators, prey, adaptation, behavior, octopus, squid, environment, tentacles, pressure, chemical, poisonous, bacteria, transparent, reflective, habitats, shipwreck*, thiab *aquarium*.

- Peb chav kawm yuav nyeem ib phau ntawv hu ua *Life Deep Down*. Phau ntawv hais txog ntu tob ntawm hiav txwv thiab tej cov tsiaj uas nyob hauv. Nej tus menyuam yuav nqa los tsev ib daim duab qhia txog yam tshwmsim hauv phau ntawv. Hais kom nws siv daim duab los piav phau ntawv dua ua lus Aakiv lossis nej hom lus tom tsev.

Thiab, nej tus menyuam yuav nqa los tsev ib yam dejnum txog hiavtxwv tob thiab kev ntsuas. Muab sijhawm los ua Tes Dejnum tom Tsev nov uake. Nov yog cov hau kev qhia ua tes dejnum:

Dejnum tom Tsev
Tob 1,000 Feet yog licas?

Cov Hau Kev Qhia:

1. Pab nej tus menyuam nrhiav saib kev ntsuas ntawm cov khoom keev siv piv rau qhov tob uas ib tus ntses squid loj nyob hauv hiavtxwv: 1,000 feet.

2. Xaiv ib cov khoom hauv tsev, xwsli ib tus mem lossis ib lub txiv apple. Pab nws ntsuas qhov siab ntawm txhua yam khoom thiab sau cia rau hauv daim duab teev.

3. Pab nws xamphaj saib muab cov khoom los sib teem licas thiaj yuav txog 1,000 feet. Siv tus formula nrog ib lub calculator: 12,000 ÷ (qhov siab ntawm yam khoom). Hais kom nws muab cov xam tawm tso rau kem plaub ntawm daim duab teev.

4. Ntsuas tus menyuam thiab pab nws xamphaj saib yuav muab pes tsawg tus nws los sib teem thiaj tau 1,000 feet siab.

Ua tsaug ntau,

____

親愛的家長：

我們現在要開始上*On Our Way to English*的第4單元。您的孩子正在學習認識深海，並將會學習到下列的一些新字：*predators, prey, adaptation, behavior, octopus, squid, environment, tentacles, pressure, chemical, poisonous, bacteria, transparent, reflective, habitats, shipwreck*和*aquarium*。

- 我們會在課堂上讀到一本名叫*Life Deep Down*的書，這本書談的是深海環境和在此棲身的生物。您的孩子會把一幅有關書本內容的圖畫帶回家。請您的孩子利用這幅畫以英語或您們家中所用的語言把這本書的內容再說一遍。

此外，您的孩子還將進行一項有關深海及量度工作的家庭活動。請抽空與孩子一起進行這項家庭活動。以下是如何活動的指示：

家庭活動

一千英呎有多深？

指示：

1. 幫助孩子比較常見物體的高度與大章魚所處深海的深度(1,000英呎) 的差別。
2. 從家中找出一些東西，例如一支鉛筆或一個蘋果，幫助孩子量度每種東西的高度，在圖表上記下測量結果。
3. 幫助孩子計算如果把每項東西一個接一個的往上疊，需要多少才會等於一千英呎。請用計算機計算下列公式： 1,000 ÷ (物體高度)。請孩子將計算結果寫在圖表的第四欄。
4. 量度孩子的高度，幫助他或她計算需要多少個他或她疊在一起才等於一千英呎高。

敬上

Chè fanmi,

Klas nou an prè pou l kòmanse 4èm Inite nan liv *On Our Way to English*. Pitit ou an ap aprann konsènan fon lanmè. Kèk nouvo mo pitit ou an pral aprann se *predators, prey, adaptation, behavior, octopus, squid, environment, tentacles, pressure, chemical, poisonous, bacteria, transparent, reflective, habitats, shipwreck,* epi *aquarium.*

- Klas nou an pral li yon liv ki rele *Life Deep Down*. Liv lan pale konsènan pati nan fon lanmè an ansanm ak kèk bèt k ap viv la. Pitit ou an pral pote lakay li yon foto ki montre ki sa k ap pase nan liv lan. Mande pitit ou an pou li itilize foto an pou li rakonte liv la ankò an anglè oswa nan lang natif natal ou.

Epi, pitit ou an pral pote lakay li yon aktivite osijè fon lanmè ak mezi. Tanpri pran tan pou fè Aktivite Lakay sa a ansanm. Men enstriksyon yo jan yo parèt nan aktivite a :

Aktivite Lakay

Ki pwofondè 1,000 pye ye ?

Enstriksyon :

1. Ede pitit ou an detèmine kouman mezi bagay komen konpare avèk nan pwofondè yo jwenn gwo jeyan kalma yo nan lanmè : 1,000 pye.
2. Chwazi kèk bagay ou jwenn nan kay la, tankou yon kreyon oswa yon pòm. Ede pitit ou an mezire wotè chak bagay epi ekri mezi a nan tablo a.
3. Ede pitit ou an kalkile konbyen nan chak bagay pou ta mete youn sou lòt ou ta va bezwen pou fè 1,000 pye. Itilize fòmil sa a avèk yon kalkilatè : 12,000 ÷ (wotè bagay la). Mande pitit ou an pou l mete rezilta a nan katryèm kolòn nan tablo a.
4. Mezire pitit ou an epi ede l kalkile konbyen moun menm wotè avè l ou ta va bezwen pou rive yon wotè 1,000 pye.

Sensèman,

학부모님께,

저희 학급은 곧 *On Our Way to English* 제 4과를 시작할 예정입니다. 학생들은 깊은 바다 속에 대하여 배울 것입니다. 학생들이 배울 새 단어는 *predators, prey, adaptation, behavior, octopus, squid, environment, tentacles, pressure, chemical, poisonous, bacteria, transparent, reflective, habitats, shipwreck, aquarium* 등입니다.

- 저희 학급에서는 *Life Deep Down*이라는 책을 읽을 것입니다. 이 책은 깊은 바다 속과 그곳에 살고 있는 생물에 관한 것입니다. 학생들은 이야기책에서 일어났던 일을 보여주는 그림을 집으로 가져갈 것입니다. 가정에서는 자녀가 그림을 이용하여 책의 내용을 영어나 모국어로 다시 이야기할 수 있도록 지도해 주십시오.

또한, 깊은 바다 속과 측정단위에 관한 학습지를 집에 가져갈 것입니다. 학부모님은 시간을 내어 가정학습지를 자녀와 함께 하여 주십시오. 다음은 학습지 상에서 보실 수 있는 지침입니다.

가정학습지

11,000 피트(Feet)는 얼마나 깊을까?

지침

1. 자녀가 평상시에 볼 수 있는 물건들의 치수와 바다의 거대한 오징어가 발견된 깊이(1,000 피트)를 비교해 보도록 도와 주십시오.

2. 집에서 흔히 볼 수 있는 연필, 사과 등 몇 가지 물체를 정합니다. 자녀가 각 물체의 높이를 재서 도표에 쓰도록 도와 주십시오.

3. 1,000피트가 되려면 각 물체를 몇 개나 쌓아야 할지 자녀가 직접 계산해 보도록 도와 주십시오. 계산할 때 다음 공식을 사용하십시오: 12,000 ÷ (물체의 높이). 그리고 그 결과를 도표의 네 번째 칸에 쓰게 합니다.

4. 자녀의 키 높이를 측정하여 1,000피트가 되려면 자신의 키 높이를 가진 사람이 몇 명이 필요한지 계산하도록 도와 주십시오.

감사합니다.

ជូនចំពោះគ្រួសារ,

ថ្នាក់រៀនរបស់យើងកំពុងរៀបចំ ចាប់ផ្ដើមសិក្សាភាគទី 4 នៃកម្មវិធី *On Our Way to English* ។ កូនរបស់ អ្នកនឹងត្រូវបានសិក្សាអំពីទិសមុទ្រជ្រៅ ។ ពាក្យថ្មីៗដែលកូនរបស់អ្នកនឹងត្រូវសិក្សាក្នុងកម្មវិធីនេះ មានដូចជា៖ *predators, prey, adaptation, behavior, octopus, squid, environment, tentacles, pressure, chemical, poisonous, bacteria, transparent, reflective, habitats, shipwreck,* និង *aquarium* ។

- ថ្នាក់របស់យើងនឹងរៀនអានសៀវភៅមួយច្បាប់ ដែលមានចំណងជើងថា *Life Deep Down* ។ សៀវ ភៅនេះនិយាយអំពីទិស្ជ្រៅៗនៃមហាសាគរ និងសត្វផ្សេងៗដែលរស់នៅទីនោះ ។ កូនរបស់អ្នកនឹងយកឫបភាព ដែល បង្ហាញអំពីព្រឹត្តិការណ៍នៅក្នុងសៀវភៅនេះ មកមើលនៅឯផ្ទះ ។ ចូរសុំកូនរបស់អ្នក ឲ្យនិយាយអំពីសៀវភៅ នេះជាភាសា អង់គ្លេស ឬជាភាសាកំណើតរបស់អ្នកសាឡើងវិញ ។

កូនរបស់អ្នកក៏នឹងនាំយកសកម្មភាពស្ដីពីទិសមុទ្រជ្រៅនិងការវាស់វែង មកផ្ទះដែរ ។ សូមអ្នកមេត្តាចែកវេលក ពេលវេលា ធ្វើសកម្មភាពប្រចាំផ្ទះនេះជាមួយគ្នា ។ នេះគឺជាសេចក្ដីណែនាំ ដូចមានចែងនៅលើសកម្មភាព នេះស្រាប់៖

សកម្មភាពប្រចាំផ្ទះ៖

តើ **1,000** ហ្វីត មានជម្រៅប្រវែងណា?

សេចក្ដីណែនាំ៖

1. ជួយកូនរបស់អ្នក ឲ្យរេះកំណត់ទូរវរៀបរាស់វែងចំពោះវត្ថុសាមញ្ញៗ រួចយកទៅវៃធ្វើការប្រៀបផ្ទៀប ជាមួយនឹងទិជម្រៅ ដែលជាកន្លែងមានត្រីមឹកធំសម្បើម។ រស់នៅក្នុងមហាសាគរ៖ ប្រវែង 1,000 ហ្វីត ។

2. ចូរជ្រើសរើសវត្ថុខ្លះពីជុំវិញផ្ទះ៖ ដូចជាខ្នើយដែមួយដើម ឬផ្ទៃប៉មមួយ ។ ល ។ ជួយណែនាំកូនរបស់អ្នក ឲ្យរេះ វាស់ស្ទង់កំពស់នៃវត្ថុនិមួយៗ ហើយកត់ត្រាការវាស់ស្ទង់នោះទុកនៅក្នុងតំរុសតារាង ។

3. ជួយកូនរាស់អ្នក ឲ្យគិតពេខមើល ថាតើគេត្រូវវត្ថុប៉ុន្មានសម្រាប់ដាក់តរលើគ្នា ឲ្យបានស្មើនឹង ប្រវែង 1,000 ហ្វីត ។ ចូរប្រើរូបមន្តនេះជាមួយនឹងម៉ាស៊ីនគិតលេខ៖ 12,000 ÷ (កំពស់នៃវត្ថុ) ។ រួចហើយ ឲ្យកូនរបស់អ្នកកត់លទ្ធផលដែលរកឃើញ ដាក់ចូលទៅក្នុងខ្ជង់ទីប្ថននៃ តំរុសតារាង ។

4. ចូរវាស់កំពស់កូនរបស់អ្នក ហើយជួយណែនាំគេ ឲ្យគិតលេខរកមើល ថាតើគេនឹងត្រូវការមនុស្សដូច ជារូបគេនេះ ប៉ុន្មាននាក់ សម្រាប់ផ្គុំបញ្ឈរលគ្នាឲ្យបានស្មើនឹងកំពស់ 1,000 ហ្វីត ។

ដោយក្ដីស្មោះស្ម័គ្រ

Home Activity
How Deep Is 1,000 Feet?

Item	Height (in inches)	How Many Needed to Equal 1,000 Feet
pencil		
Me		

Directions:

1. Help your child determine how the measurements of common objects compare to the depth at which giant squid are found in the ocean: 1,000 feet.

2. Select some objects from around the house, such as a pencil or an apple. Help your child measure the height of each object and write the measurement in the chart.

3. Help your child calculate how many of each object stacked on top of one another would be needed to equal 1,000 feet. Use this formula with a calculator: 12,000 ÷ (height of object). Invite your child to enter the results in the fourth column of the chart.

4. Measure your child and help him or her calculate how many of him or her would be needed to create a stack 1,000 feet high.

life in the deep sea

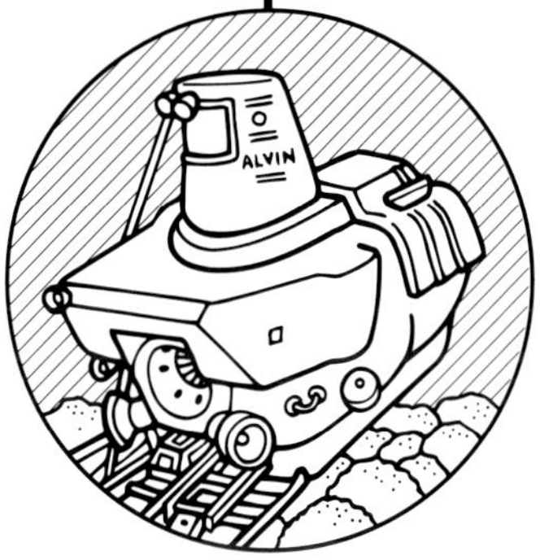

ALVIN

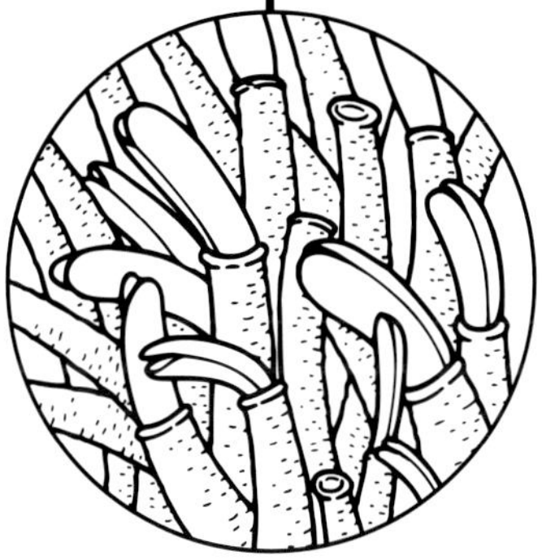

tubeworms

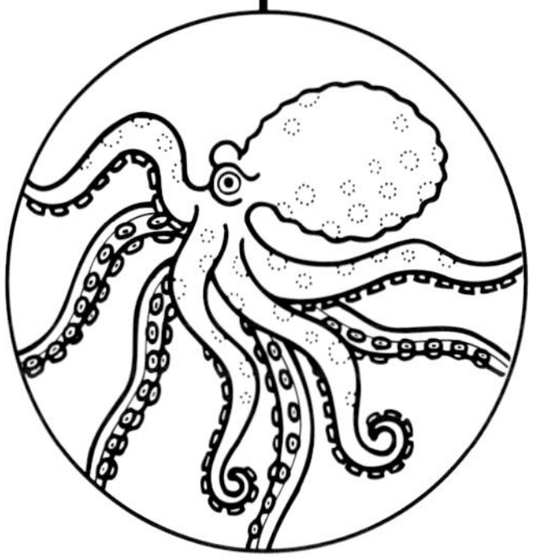

octopus

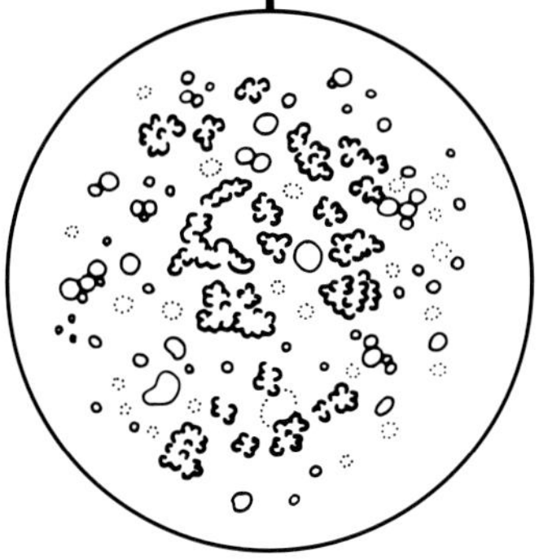

bacteria

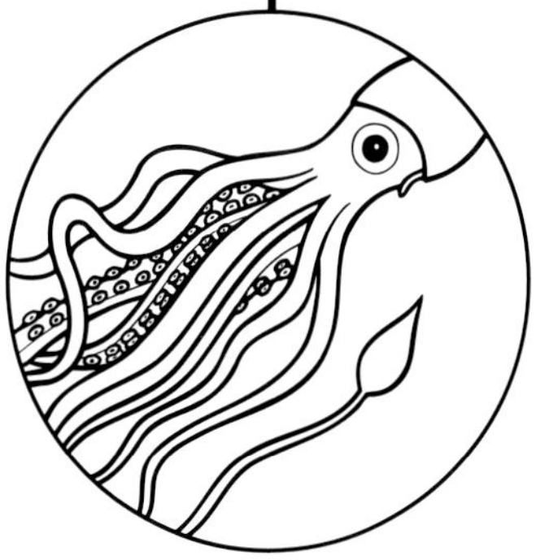

giant squid

Dear Family,

Our class is ready to begin Unit 5 of *On Our Way to English*. Your child is learning about early settlers and colonists in America. Some new words that your child will learn are *explorer, claim, colony, languages, journey, possessions, caravans, pioneer, desolate,* and *union.*

- Our class will read a story called *Journey on the Royal Road: Catalina's Family Moves to New Mexico*. The story is set in the year 1810. It is about a girl whose family travels along the Royal Road as they leave Mexico to resettle in New Mexico. Your child will bring home a picture that shows what happens in the story. Ask your child to use the picture to retell the story in English or in your home language.

Also, your child will bring home an activity about how your family first came to the United States. Please take the time to do this Home Activity together. These are the directions as they appear on the activity:

Home Activity
How Did We Get Here?

Directions:

1. How did your family come to the United States? Talk about where your family came from and why they came to the United States.

2. Point to the picture that shows how your family came to the United States. Help your child color and cut out the picture. Poke a hole through the X and pull a three-inch piece of string through it.

3. Write the name of your home country. Then help your child locate and color the state in which your family originally lived.

4. Tape one end of the string by the name of your home country and the other end to the colored state. Slide the picture along the string to show your "journey" to the United States.

Sincerely,

____

Estimada familia:

Nuestra clase está lista para empezar la Unidad 5 de *On Our Way to English*. Su hijo o hija aprenderá sobre los primeros colonos de los Estados Unidos. Algunas de las palabras nuevas que aprenderá son: *explorer, claim, colony, languages, journey, possessions, caravans, pioneer, desolate* y *union*.

- Nuestra clase leerá el cuento *Journey on the Royal Road: Catalina's Family Moves to New Mexico*. Este cuento se desarrolla en 1810 y trata de una niña cuya familia viaja por el Camino Real desde México hasta Nuevo México, donde se quedan a vivir. Su hijo o hija llevará a casa una ilustración sobre lo que sucede en el libro. Pídale que con ayuda de la ilustración cuente el libro en inglés o en su lengua materna.

Además, su hijo o hija llevará a casa una actividad sobre la llegada de su familia por primera vez a los Estados Unidos. Por favor, dedique tiempo para realizar esta actividad junto con él o ella. Estas son las instrucciones que aparecen en la actividad:

Actividad para hacer en casa
¿Cómo llegamos aquí?

Instrucciones:

1. ¿Cómo llegó su familia a los Estados Unidos? Hable del país de origen de su familia y de por qué vinieron a los E.E. U.U.
2. Señale la ilustración que muestra cómo llegó su familia a los Estados Unidos. Ayude a su hijo o hija a colorearla y recortarla. Perfore la ilustración donde está la X y pase un cordel de tres pulgadas por el orificio.
3. Escriba el nombre de su país de origen. Ayude a su hijo o hija a colorear el estado adonde llegaron originalmente.
4. Pegue una punta del cordel al nombre de su país de origen y la otra al estado coloreado. Deslice la ilustración por el cordel para mostrar su "viaje" a los Estados Unidos.

Atentamente,

Kính Gửi Phụ Huynh Học Sinh,

Lớp chúng tôi đã sẵn sàng bắt đầu Bài Số 5 của giáo trình *On Our Way to English*. Con quý vị sẽ học về những người định cư và các nhà thực dân đầu tiên ở châu Mỹ. Một số từ mới mà cháu sẽ học là *explorer, claim, colony, languages, journey, possessions, caravans, pioneer, desolate,* và *union*.

- Lớp chúng tôi sẽ đọc một câu chuyện có tên là *Journey on the Royal Road: Catalina's Family Moves to New Mexico*. Câu chuyện diễn ra vào năm 1810 và kể về một bé gái đã cùng gia đình rời nước Mexico, đi theo con đường Royal Road để đến định cư tại bang New Mexico. Con quý vị sẽ đem về nhà một bức tranh miêu tả diễn biến của câu chuyện. Hãy yêu cầu cháu dựa vào bức tranh để kể lại câu chuyện bằng tiếng Anh hay tiếng mẹ đẻ của mình.

Con quý vị cũng sẽ đem về một bài tập về việc gia đình quý vị đã đến Hoa Kỳ như thế nào. Quý vị hãy giành chút thời gian để cùng làm Bài Tập Ở Nhà này với cháu. Các chỉ dẫn sau sẽ xuất hiện trên bài tập:

Bài Tập Ở Nhà

Chúng Ta Đã Đến Đây Bằng Cách Nào?

Chỉ Dẫn:

1. Gia đình quý vị đã đến Hoa Kỳ bằng cách nào? Hãy kể về nơi chốn gốc và lý do khiến gia đình quý vị đến Hoa Kỳ.

2. Chỉ cho con quý vị bức tranh miêu tả cách gia đình đã đến Hoa Kỳ và bảo cháu tô màu và cắt ra. Chọc lỗ xuyên qua điểm X và lồng một đoạn dây dài ba inch qua đó.

3. Viết tên của nước quê hương quý vị, rồi giúp cháu tìm và tô màu tiểu bang mà gia đình đến sống khi mới qua Mỹ.

4. Dán một đầu của đoạn dây vào tên nước quê hương và đầu kia vào tên tiểu bang. Trượt bức tranh dọc theo sợi dây để thể hiện "cuộc hành trình" đến Hoa Kỳ.

Kính thư,

Hawm txog Tsoom Niam Txiv,

Peb chav kawm npaj txhij los pib Nqe 5 ntawm *On Our Way to English*. Nej tus menyuam tabtom kawm txog suab. Tej lo lus tshiab nws yuav kawm yog *explorer, claim, colony, languages, journey, possessions, caravans, pioneer, desolate*, thiab *union*.

- Peb chav kawm yuav nyeem ib zaj dabneeg hu ua *Journey on the Royal Road: Catalina's Family Moves to New Mexico*. Zaj dabneeg hais tawm xyoo 1810. Yog hais txog ib tus ntxhais uas tsev neeg tawm ncig raws txoj Kev Nom thaum lawv tso Mexico tuaj nyob New Mexico. Nej tus menyuam yuav nqa los tsev ib daim duab qhia txog yam tshwmsim hauv zaj dabneeg. Hais kom nws rov piav zaj dabneeg dua ua lus Aakiv lossis nej hom lus tom tsev.

Thiab, nej tus menyuam yuav nqa los tsev ib yam dejnum txog saib nej tsev neeg xub tuaj Amelika licas. Muab sijhawm los ua Tes Dejnum tom Tsev nov uake. Nov yog cov hau kev qhia ua tes dejnum:

Dejnum tom Tsev
Peb Tuaj Tau Nov Licas?

Cov Hau Kev Qhia:

1. Nej tsev neeg tuaj tebchaws Amelikas licas? Hais txog qhov chaw nej tsev neeg tuaj thiab vimlicas nej thiaj tuaj Amelika?
2. Taw tes rau daim duab uas qhia tias nej tsev neeg tuaj teb chaws Amelika licas. Pab nws zas xim thiab txiav daim duab tawm. To ib lub qhov dhau tus X thiab rub ib txoj hlua pcb nti chaws tawm.
3. Sau nej lub qub tebchaws lub npe. Ces pab nej tus menyuam nrhiav thiab zas lub xeev uas nej tsev neeg nyob thaud.
4. Lo ib tog hlua rau lub npe teb chaws qub thiab lwm tog rau lub xeev zas xim. Txav daim duab raws txoj hlua los qhia nej txoj "kev tsiv" tuaj rau Amelika.

Ua tsaug ntau,

親愛的家長：

我們現在要開始上*On Our Way to English*的第5單元。您的孩子正在學習認識美國早期的開拓者和移民，並將會學習到下列的一些新字：*explorer, claim, colony, languages, journey, possessions, caravans, pioneer, desolate*和*union*。

- 我們會在課堂上讀到一個名叫*Journey on the Royal Road: Catalina's Family Moves to New Mexico*的故事。故事的時代背景是1810年，講述一個小女孩與家人離開墨西哥沿「平坦之路」來到新墨西哥州定居的故事。您的孩子會把一幅有關故事內容的圖畫帶回家。請您的孩子利用這幅畫以英語或您們家中所用的語言把這個故事內容再説一遍。

此外，您的孩子還將進行一項有關您和家人最初是如何來到美國的家庭活動。請抽空與孩子一起進行這項家庭活動。以下是如何活動的指示：

家庭活動

我們是如何來到這裡的？

指示：

1. 您和家人是如何來到美國的？談談您們是從哪_來的，為什麼要來美國。
2. 指出顯示您和家人是如何來到美國的圖片。幫助孩子將圖片著色後剪下來，並在X位置打一個洞，穿上一根三英吋長的線。
3. 寫下您祖國的名稱，然後幫助孩子找出您和家人最初定居的州並填上顏色。
4. 用膠紙把線的一端黏在您祖國名稱的旁邊，另一端黏在著了色的州的名字旁邊。沿著這一條線滑動圖片，展示您們前來美國的「旅程」。

敬上

Chè fanmi,

Klas nou an prè pou l kòmanse 5èm Inite nan liv *On Our Way to English*. Pitit ou an ap aprann konsènan premye kolon ak koloni nan Amerika. Kèk nouvo mo pitit ou an pral aprann se *explorer, claim, colony, languages, journey, possessions, caravans, pioneer, desolate,* epi *union.*

- Klas nou an pral li yon istwa ki rele *Journey on the Royal Road: Catalina's Family Moves to New Mexico.* Istwa a te pase nan ane 1810. Li pale konsènan yon ti fi ki gen fanmi l ki vwayaje sou wout wayal la alòske yo t ap kite Meksik pou al etabli yo nan Nouvo Meksik. Pitit ou an pral pote lakay li yon foto ki montre ki sa k ap pase nan istwa a. Mande pitit ou an pou li itilize foto an pou li rakonte istwa a ankò an anglè oswa nan lang natif natal ou.

Epi, pitit ou an pral pote lakay li yon aktivite osijè fason fanmi w te rantre Ozetazini. Tanpri pran tan pou fè Aktivite Lakay sa a ansanm. Men enstriksyon yo jan yo parèt nan aktivite a :

Aktivite Lakay
Kouman Nou Te Fè Rive La ?

Enstriksyon :

1. Kouman fanmi w te rantre Ozetazini ? Pale sou kote fanmi w soti epi poukisa yo te rantre Ozetazini.
2. Pwente sou foto ki montre kouman fanmi w te rantre Ozetazini. Ede pitit ou an kolore epi koupe foto a. Pèse yon twou nan lèt X lan epi rale yon fil longè 3 pous ladan l.
3. Ekri non peyi kote w soti a. Epi ede pitit ou chèche epi kolore eta kote fanmi w te abite okòmansman.
4. Tepe yon pwent fil lan avèk non peyi kote w sòti a epi lòt pwent lan avèk eta ki kolore a. Glise foto a bò fil la pou montre "vwayaj" ou Ozetazini.

Sensèman,

학부모님께,

저희 학급은 곧 *On Our Way to English* 제 5과를 시작할 예정입니다. 학생들은 미국 초기의 정착민들과 개척자들에 관해 배울 것입니다. 학생들이 배울 새 단어는 *explorer, claim, colony, languages, journey, possessions, caravans, pioneer, desolate, union* 등입니다.

- 저희 학급에서는 *Journey on the Royal Road: Catalina's Family Moves to New Mexico*라는 이야기책을 읽을 것입니다. 이 이야기의 배경은 1810년이며 내용은 New Mexico에 정착하기 위해 Mexico를 떠나 Royal Road를 따라 여행을 하게 되는 한 소녀에 관한 것입니다. 학생들은 이야기책에서 일어났던 일을 보여주는 그림을 집으로 가져갈 것입니다. 가정에서는 자녀가 그림을 이용하여 책의 내용을 영어나 모국어로 다시 이야기할 수 있도록 지도해 주십시오.

또한, 우리가족이 어떻게 미국에 오게 되었는지에 관한 학습지를 집에 가져갈 것입니다. 학부모님은 시간을 내어 가정학습지를 자녀와 함께 하여 주십시오. 다음은 학습지 상에서 보실 수 있는 지침입니다.

가정학습지

우리가 어떻게 여기에 왔을까요?

지침

1. 우리가족은 어떻게 해서 미국으로 오게 되었을까요? 가족이 살던 나라와 미국으로 오게 된 이유에 대해 자녀와 함께 이야기를 나누십시오.
2. 가족이 미국에 오게 된 이유가 그려진 그림을 선택합니다. 자녀에게 그림을 색칠한 후 가위로 오리도록 합니다. X 부분에 구멍을 뚫어 3인치 길이의 실 또는 끈을 넣습니다.
3. 고국의 이름을 씁니다. 그리고, 가족이 살았던 주 또는 지방을 찾아 색칠하게 합니다.
4. 끈의 한 쪽 끝에 고국의 이름을 테이프로 붙이고 다른 쪽 끝에는 살았던 지방을 붙입니다. 슬라이드처럼 그림을 옆으로 밀며 미국으로 오게 된 "여정"을 보여 줍니다.

감사합니다.

ជូនចំពោះគ្រួសារ,

ថ្នាក់រៀនរបស់យើងកំពុងរៀបចំ ចាប់ផ្ដើមសិក្សាភាគទី 5 នៃកម្មវិធី *On Our Way to English* ។ កូនរបស់ អ្នកនឹងត្រូវបានសិក្សាអំពីអ្នកតាំងលំនៅថ្មី និងអាណានិគមជនដំបូងលើទឹកដីអាមេរិក ។ ពាក្យថ្មីៗដែលកូនរបស់អ្នកនឹងត្រូវ សិក្សាក្នុងកម្មវិធីនេះ មានដូចជា៖ *explorer, claim, colony, languages, journey, possessions, caravans, pioneer, desolate,* និង *union* ។

- ថ្នាក់របស់យើងនឹងរៀនអានរឿងមួយ ដែលមានចំណងជើងថា *Journey on the Royal Road: Catalina's Family Moves to New Mexico* ។ ព្រឹត្តិការណ៍ក្នុងសាច់រឿងនេះបាន កើតឡើងក្នុងឆ្នាំ 1810 ។ វាជារឿងដែលនិយាយអំពីក្មេងស្រីម្នាក់ ដែលកាលនោះ គ្រួសាររបស់នាងបានសម្រេច ចិត្តចាកចេញពីប្រទេស ម៉ិកស៊ិក ធ្វើដំណើរកាត់តាមផ្លូវវិធីមួយ ដែលមានឈ្មោះថា ក្បូរវិធី (Royal Road) ឆ្ពោះទៅរកតាំងលំនៅ ផ្សានថ្មីនៅក្នុងរដ្ឋនូវម៉ិកស៊ិក ។ កូនរបស់អ្នកនឹងយករូបភាព ដែលបង្ហាញអំពីព្រឹត្តិការណ៍ ក្នុងសាច់រឿងនេះ មកមើលនៅ ឯផ្ទះ ។ ចូរសុំកូនរបស់អ្នក ឱ្យនិយាយអំពីរឿងនេះជាភាសាអង់គ្លេស ឬជាភាសាកំណើតរបស់អ្នកសាឡើងវិញ ។

កូនរបស់អ្នកក៏នឹងនាំយកសកម្មភាពស្ដីពីបែបបទដែលក្រុមគ្រួសាររបស់អ្នកបានធ្វើដំណើរមកកាន់សហរដ្ឋអាមេរិក មកផ្ទះវិញ ។ សូមអ្នកមេត្តាចែករំលែកពេលវេលា ធ្វើសកម្មភាពប្រចាំផ្ទះនេះជាមួយគ្នា ។ នេះគឺជាសេចក្ដីណែនាំ ដូចមាន ចែងនៅលើសកម្មភាពនេះស្រាប់៖

សកម្មភាពប្រចាំផ្ទះ៖
ដូចម្ដេចបានជាយើងមកកាន់ទីនេះបាន?

សេចក្ដីណែនាំ៖

1. ដូចម្ដេចបានជាក្រុមគ្រួសាររបស់អ្នកធ្វើដំណើរមកកាន់សហរដ្ឋអាមេរិកបាន? ចូរនិទានប្រាប់អំពីទឹកន្លែងដែល គ្រួសាររបស់អ្នកបានចាកចេញមក និងអំពីដំណើរហេតុដែល ធ្វើឱ្យពួកគេបានសម្រេចចិត្តធ្វើដំណើរមកកាន់ សហរដ្ឋអាមេរិក ។

2. ចូរចង្អុលទៅរូបភាពដែលបង្ហាញពីបែបបទ ដែលនាំឱ្យក្រុមគ្រួសាររបស់អ្នកបានធ្វើដំណើរមក កាន់សំហរដ្ឋអាមេរិក ។ ជួយណែនាំកូនរបស់អ្នក ឱ្យជាត់ពណ៌ ហើយកាត់រូបភាពយកចេញ ។ ចូរទម្លេះជាប្រហោងនៅ ចំកណ្ដាលអក្សរ X ហើយដោតខ្សែដោយមានប្រវែងប្រហែល បីអ៊ុំច្ចូលតាមប្រហោងនោះ ។

3. សរសេរឈ្មោះនៃប្រទេសកំណើតរបស់អ្នក ។ រួចហើយ ជួយណែនាំកូនរបស់អ្នក ឱ្យរកមើល ហើយយកផាត់ពណិនៅត្រង់រដ្ឋដែលក្រុមគ្រួសាររបស់អ្នកធ្លាប់បានរស់នៅកាលពីដើម ។

4. ដាក់ចេបស្ពិតបិតចុងខ្សែម្ខាងនៅរំក្បរឈ្មោះនៃប្រទេសកំណើតរបស់អ្នក ឯចុងម្ខាងទៀតទៅនឹងរដ្ឋ ដែលគ្រូបានជាត់ពណ៌ិនោះ ។ ទាញចុញ្ចុញបន្ធុររូបភាពតាមបណ្ដោយខ្សែ ដើម្បីបង្ហាញពី ដំណើរ របស់អ្នកមកកាន់សហរដ្ឋអាមេរិក ។

ដោយក្ដីស្មោះស្ម័គ្រ

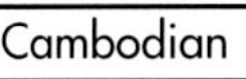

Home Activity
How Did We Get Here?

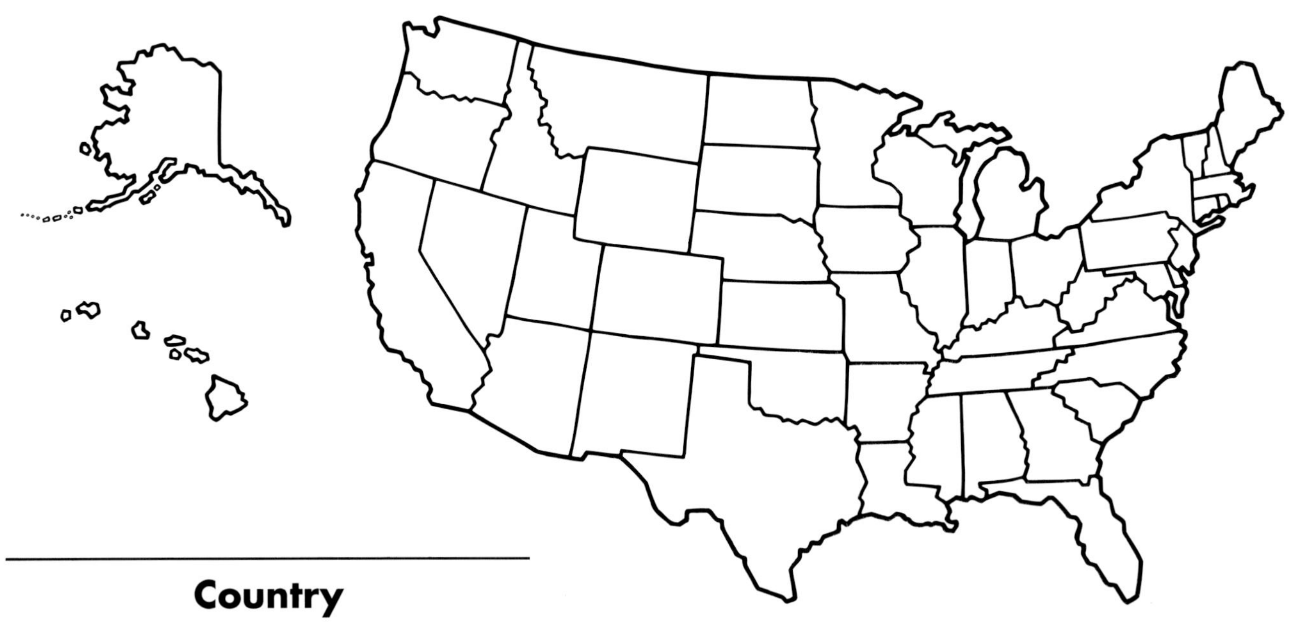

____
Country

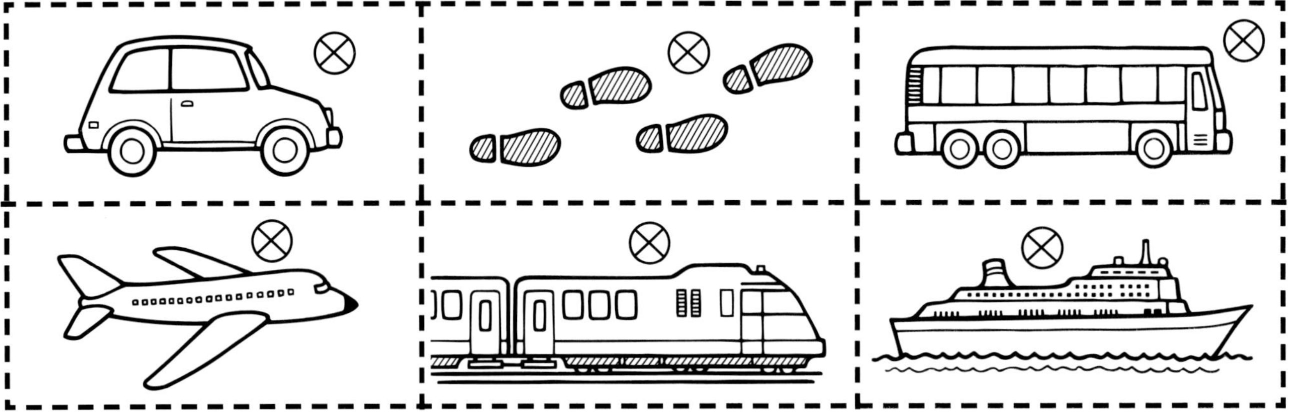

Directions:

1. How did your family come to the United States? Talk about where your family came from and why they came to the United States.

2. Point to the picture that shows how your family came to the United States. Help your child color and cut out the picture. Poke a hole through the X and pull a three-inch piece of string through it.

3. Write the name of your home country. Then help your child locate and color the state in which your family originally lived.

4. Tape one end of the string by the name of your home country and the other end to the colored state. Slide the picture along the string to show your "journey" to the United States.

1810
Early spring

began journey

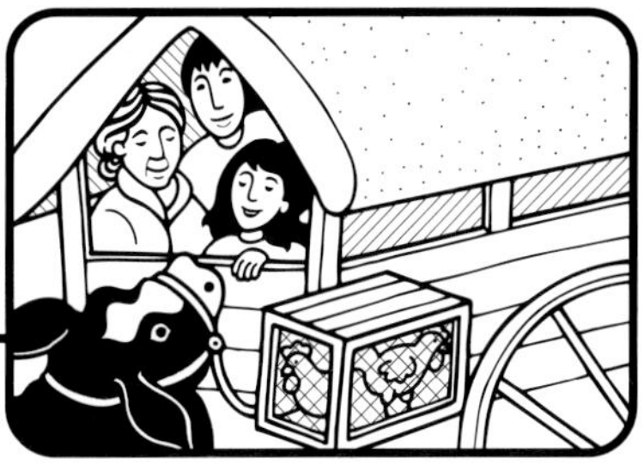

crossed desert

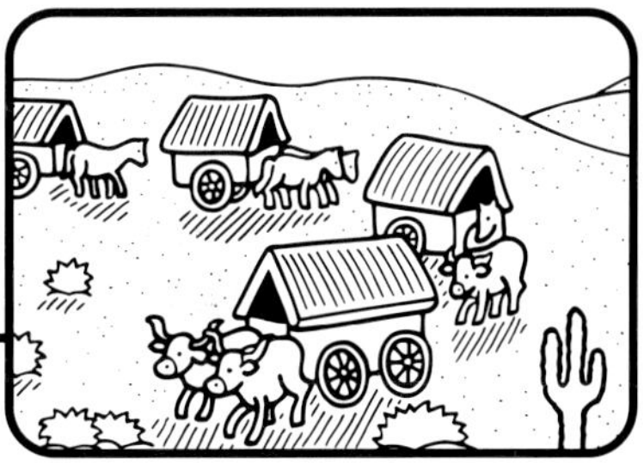

dust storm

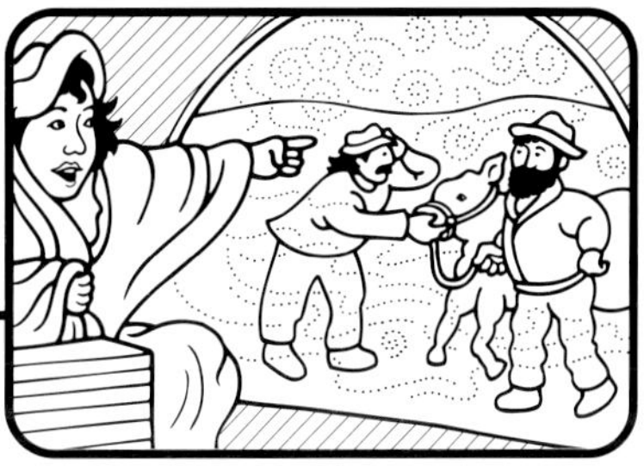

Early summer

El Rancho de las Golondrinas

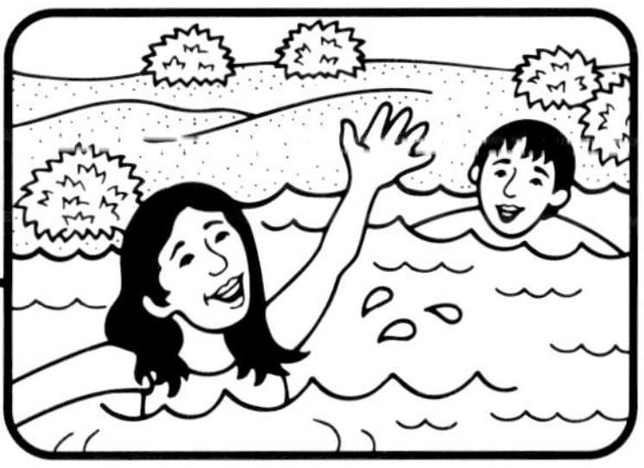

Late summer

Santa Fe

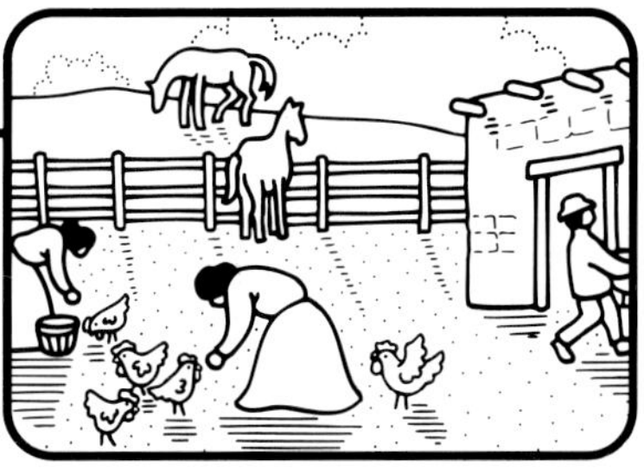

Dear Family,

Our class is ready to begin Unit 6 of *On Our Way to English*. Your child is learning about the history of technology. Some new words that your child will learn are *technology, inventions, inventor, solar, satellite, patents, transportation, communication, medicine, society, innovation, confidence, medicine, successful,* and *immigration*.

- Our class will read a book called *Margaret Knight: A Lifetime of Inventions!* The book is a biography of the nineteenth-century inventor, Margaret Knight. Your child will bring home a picture that shows what happens in the book. Ask your child to use the picture to retell the book in English or in your home language.

Also, your child will bring home an activity about designing labels for a CD. Please take the time to do this Home Activity together. These are the directions as they appear on the activity:

Home Activity
Design a CD

Directions:

1. The compact disc, or CD, is a useful technological invention that can store lots of information in a small space. Help your child design his or her own CD labels.

2. First, ask your child what information he or she would store on a CD—music, photos, or other data. Your child can choose to invent a new kind of software.

3. Help your child cut out the square and trace it on a piece of paper to make the case label. Then help your child cut away the black areas and trace this disc shape to make the disc label.

4. Encourage your child to color and decorate the labels for his or her fictional CD. Remind your child to write the CD's title on at least one of the labels.

Sincerely,

Estimada familia:

Nuestra clase está lista para empezar la Unidad 6 de *On Our Way to English*. Su hijo o hija aprenderá sobre la historia de la tecnología. Algunas de las palabras nuevas que aprenderá son: *technology, inventions, inventor, solar, satellite, patents, transportation, communication, medicine, society, innovation, confidence, medicine, successful* e *immigration*.

- Nuestra clase leerá el libro *Margaret Knight: A Lifetime of Inventions!* Este libro es una biografía de Margaret Knight, una inventora del siglo XIX. Su hijo o hija llevará a casa una ilustración sobre lo que sucede en el libro. Pídale que con ayuda de la ilustración cuente el libro en inglés o en su lengua materna.

Además, su hijo o hija llevará a casa una actividad sobre cómo diseñar la portada de un CD. Por favor, dedique tiempo para realizar esta actividad junto con él o ella. Estas son las instrucciones que aparecen en la actividad:

Actividad para hacer en casa

Diseña un CD

Instrucciones:

1. El disco compacto, o CD, es un invento tecnológico que permite guardar mucha información en un espacio pequeño. Ayude a su hijo o hija a diseñar la portada y etiqueta de un CD.
2. Primero, pregúntele qué información guardaría en el CD (música, fotografías, otro tipo de información o un programa de computadora que invente).
3. Ayúdele a recortar el cuadrado y usarlo como plantilla para hacer la portada. Luego, ayúdele a recortar las áreas en negro y calcar la forma del disco para hacer la etiqueta.
4. Anímele a colorear y decorar la portada y etiqueta. Recuérdele escribir el título del CD en la portada o en la etiqueta.

Atentamente,

____

Kính Gửi Phụ Huynh Học Sinh,

Lớp chúng tôi đã sẵn sàng bắt đầu Bài Số 6 của giáo trình *On Our Way to English*. Con của quý vị sẽ học về lịch sử phát triển công nghệ. Một số từ mới mà cháu sẽ học là *technology, inventions, inventor, solar, satellite, patents, transportation, communication, medicine, society, innovation, confidence, medicine, successful*, và *immigration*.

- Lớp chúng tôi sẽ đọc một quyển sách có tên là *Margaret Knight: A Lifetime of Inventions!*, viết về tiểu sử của Margaret Knight, một nhà sáng chế thế kỷ 19. Con quý vị sẽ đem về nhà một bức tranh miêu tả nội dung quyển sách. Hãy yêu cầu cháu dựa vào bức tranh để kể lại câu chuyện bằng tiếng Anh hay tiếng mẹ đẻ của mình.

Con quý vị cũng sẽ đem về một bài tập về cách thiết kế các nhãn mác cho một đĩa CD. Quý vị hãy giành chút thời gian để cùng làm Bài Tập Ở Nhà này với cháu. Các chỉ dẫn sau sẽ xuất hiện trên bài tập:

Bài Tập Ở Nhà
Thiết Kế Một Đĩa CD

Chỉ Dẫn:

1. Đĩa nén, hay còn gọi là đĩa CD, là một phát minh công nghệ rất hữu ích. Đĩa có thể chứa được rất nhiều thông tin trên một diện tích nhỏ. Hãy hướng dẫn con quý vị thiết kế nhãn cho đĩa CD của riêng cháu.

2. Hỏi con quý vị xem cháu muốn lưu giữ loại thông tin nào trong một đĩa CD: âm nhạc, hình ảnh hay các dữ liệu khác. Cháu cũng có thể thiết kế một loại phần mềm mới.

3. Giúp cháu cắt hình vuông ra và can lại trên một miếng giấy để làm nhãn cho vỏ đĩa. Sau đó hãy cắt bỏ phần màu đen và can lại hình đĩa để làm nhãn cho đĩa.

4. Bảo cháu tô màu và trang trí nhãn cho đĩa CD tưởng tượng. Nhớ viết tên đĩa lên ít nhất một chiếc nhãn.

Kính thư,

Hawm txog Tsoom Niam Txiv,

Peb chav kawm npaj txhij los pib Nqe 6 ntawm *On Our Way to English*. Nej tus menyuam tabtom kawm txog keebkwm technology. Tej lo lus tshiab nws yuav kawm yog *technology, inventions, inventor, solar, satellite, patents, transportation, communication, medicine, society, innovation, confidence, medicine, successful,* thiab *immigration.*

- Peb chav kawm yuav nyeem ib phau ntawv hu ua *Margaret Knight: A Lifetime of Inventions!* Phau ntawv hais txog lub neej ntawm ib tus kws tsim tiam kaum cuaj, Margaret Knight. Nej tus menyuam yuav nqa los tsev ib daim duab qhia txog yam tshwmsim hauv phau ntawv. Hais kom nws siv daim duab los piav phau ntawv dua ua lus Aakiv lossis nej hom lus tom tsev.

Thiab, nej tus menyuam yuav nqa los tsev ib yam dejnum txog tsim npe ntawv rau ib daim CD. Muab sijhawm los ua Tes Dejnum tom Tsev nov uake. Nov yog cov hau kev qhia ua tes dejnum:

Dejnum tom Tsev
Tsim Ib daim CD

Cov Hau Kev Qhia:

1. Daim compact disc, lossis CD, yog ib hom txuj tsim technology muaj nuj nqi uas teev tau ntau hom xov rau ib kem me me. Pab nws tsim cov npe ntawv CD.

2. Ua ntej, nug nej tus menyuam txog hom xov nws xav kaw rau daim CD—nkauj, duab, lossis lwm yam. Nws xaiv tau los tsim ib yam software tshiab thiab.

3. Pab nws txiav cov square thiab kos rau ib daim ntawv lo cov npe ntawv. Ces pab nej tus menyuam txiav cov cheebtsam dub tawm thiab kos lub vojvoog ua npe disc.

4. Txhawb nws zas xim thiab zas cov npe ntawv rau daim CD npausuav. Hais kom nej tus menyuam los sau cov phiaj CD rau ib daim npe ntawv.

Ua tsaug ntau,

親愛的家長：

我們現在要開始上*On Our Way to English*的第6單元。您的孩子正在學習科技發展史，並將會學習到下列的一些新字：*technology, inventions, inventor, solar, satellite, patents, transportation, communication, medicine, society, innovation, confidence, medicine, successful*和*immigration*。

- 我們會在課堂上讀到一本名叫*Margaret Knight: A Lifetime of Inventions!*的書，這本書是十九世紀發明家奈特 (Margaret Knight) 的傳記。您的孩子會把一幅有關書本內容的圖畫帶回家。請您的孩子利用這幅畫以英語或您們家中所用的語言把這本書的內容再説一遍。

此外，您的孩子還將進行一項有關設計光碟標籤的家庭活動。請抽空與孩子一起進行這項家庭活動。以下是如何活動的指示：

家庭活動
設計光碟

指示：

1. 光碟（或稱為CD）是一種有用的科技發明，能以細小空間儲存大量資訊。請幫助孩子設計他或她的光碟標籤。

2. 首先，問孩子想在光碟儲存哪些資訊，例如音樂、照片還是其他資料。孩子可以選擇發明一種新的軟體。

3. 幫助孩子剪下方塊，在一張紙上沿著方塊繪畫以製作光碟外殼標籤，然後幫助孩子剪掉黑色部份，繪出碟形製作光碟標籤。

4. 鼓勵孩子為其假想光碟的標籤著色和裝飾。提醒孩子至少要在其中一個標籤上寫下光碟的標題。

敬上

Chè fanmi,

Klas nou an prè pou l kòmanse 6èm Inite nan liv *On Our Way to English*. Pitit ou an ap aprann konsènan istwa teknoloji. Kèk nouvo mo pitit ou an pral aprann se *technology, inventions, inventor, solar, satellite, patents, transportation, communication, medicine, society, innovation, confidence, medicine, successful*, epi *immigration*.

- Klas nou an pral li yon liv ki rele *Margaret Knight: A Lifetime of Inventions!* Liv lan se yon byografi envantè diznevyèm syèk lan, Margaret Knight. Pitit ou an pral pote lakay li yon foto ki montre ki sa k ap pase nan liv lan. Mande pitit ou an pou li itilize foto an pou li rakonte liv lan ankò an anglè oswa nan lang natif natal ou.

Epi, pitit ou an pral pote lakay li yon aktivite osijè fason pou fè etikèt pou yon CD. Tanpri pran tan pou fè Aktivite Lakay sa a ansanm. Men enstriksyon yo jan yo parèt nan aktivite a :

Aktivite Lakay
Fè yon CD

Enstriksyon :

1. Disk konpak, oswa CD, se yon envansyon teknoloji ki itil ki ka sere anpil enfòmasyon nan yon ti kras espas. Ede pitit ou an fè etikèt pa l pou CD a.
2. Toudabò, mande pitit ou an ki enfòmasyon li ta renmen sere nan CD a — mizik, foto, oswa lòt done. Pitit ou an ka chwazi pou l envante yon nouvo kalite lojisyèl.
3. Ede pitit ou an koupe kare a epi trase l sou yon mòso papye ki fè etikèt pou kazye a. Epi ede pitit ou an koupe zòn nwa yo epi trase fòm disk lan pou fè etikèt lan.
4. Ankouraje pitit ou an pou l kolore epi dekore etikèt yo pou CD imajinè li an. Fè pitit ou an sonje pou l ekri tit CD an sou omwen youn nan etikèt yo.

Sensèman,

학부모님께,

저희 학급은 곧 *On Our Way to English* 제 6과를 시작할 예정입니다. 학생들은 기술의 변천사에 대하여 배울 것입니다. 학생들이 배울 새 단어는 *technology, inventions, inventor, solar, satellite, patents, transportation, communication, medicine, society, innovation, confidence, medicine, successful, immigration* 등입니다.

- 저희 학급에서는 *Margaret Knight: A Lifetime of Inventions!*라는 책을 읽을 것입니다. 이 책은 19세기의 발명가 Margaret Knight의 전기입니다. 학생들은 이야기책에서 일어났던 일을 보여주는 그림을 집으로 가져갈 것입니다. 가정에서는 자녀가 그림을 이용하여 책의 내용을 영어나 모국어로 다시 이야기할 수 있도록 지도해 주십시오.

또한, CD 레이블 디자인에 관한 학습지를 집에 가져갈 것입니다. 학부모님은 시간을 내어 가정학습지를 자녀와 함께 하여 주십시오. 다음은 학습지 상에서 보실 수 있는 지침입니다.

가정학습지
CD 디자인하기

지침

1. CD, 즉 컴팩트 디스크는 많은 정보를 작은 공강에 보관할 수 있는 유용한 기술적 발명품입니다. 자녀가 CD 레이블을 직접 디자인하는 것을 도와 주십시오.
2. 먼저 CD에 음악, 사진 또는 그 외의 데이터 등 어떤 정보를 보관할 것인지 물어보십시오. 새로운 종류의 정보를 생각해 내도 좋습니다.
3. 먼저 자녀에게 네모를 잘라낸 후 다른 종이에 대고 가장자리를 따라 그려서 케이스 레이블을 만들도록 합니다. 그런 다음, 종이의 검정색 부분을 오려낸 후 나타나는 디스크 모양을 다른 종이에 대고 가장자리를 따라 그리도록 합니다.
4. 자녀가 생각해 내 CD를 위해 이 두 레이블을 예쁘게 색칠하고 꾸밉니다. 두 레이블 중 하나 또는 모두에 CD 제목을 써 넣는 것을 잊지 않도록 합니다.

감사합니다.

ជូនចំពោះគ្រួសារ,

ថ្នាក់រៀនរបស់យើងកំពុងរៀបចំ ចាប់ផ្ដើមសិក្សាភាគទី 6 នៃកម្មវិធី *On Our Way to English* ។ កូនរបស់ អ្នកនឹងត្រូវបានសិក្សាអំពីប្រវត្តិនៃបច្ចេកវិជ្ជា ។ ពាក្យថ្មីៗដែលកូនរបស់អ្នកនឹងត្រូវសិក្សាក្នុងកម្មវិធីនេះ មានដូចជា៖ *technology, inventions, inventor, solar, satellite, patents, transportation, communication, medicine, society, innovation, confidence, medicine, successful,* និង *immigration* ។

- ថ្នាក់របស់យើងនឹងរៀនអានសៀវភៅមួយច្បាប់ ដែលមានចំណងជើងថា *Margaret Knight: A Lifetime of Inventions!* សៀវភៅនេះនិយាយអំពីជីវប្រវត្តិរបស់តតួវិទូនៃសតវត្សទីដប់ ប្រាំបួនមួយរូប ឈ្មោះ Margaret Knight ។ កូនរបស់អ្នកនឹងយកតួភាព ដែលបង្ហាញអំពីព្រឹត្តិការណ៍ ក្នុងសៀវភៅនេះ មកមើលនៅ ឯផ្ទះ ។ ចូរសុំកូនរបស់អ្នក ឱ្យនិយាយអំពីសៀវភៅនេះជាភាសាអង់គ្លេស ឬជាភាសាកំណើតរបស់អ្នកសាឡើងវិញ ។

កូនរបស់អ្នកក៏នឹងនាំយកសកម្មភាពស្ដីពីការគូរប្លង់ធ្វើក្របចំណងជើងចាស CD មកផ្ទះដែរ ។ សូមអ្នកមេត្តាចែករំលែក ពេលវេលា ធ្វើសកម្មភាពប្រចាំផ្ទះនេះជាមួយគ្នា ។ នេះគឺជាសេចក្ដីណែនាំ ដូចមានចែងនៅលើសកម្មភាពនេះស្រាប់៖

សកម្មភាពប្រចាំផ្ទះ៖

គូរប្លង់ធ្វើចាស **CD** មួយ

សេចក្ដីណែនាំ៖

1. ចាសខុមផែក ឬ CD, ជាផលិតផលប្រឌិតផ្នែកបច្ចេកវិជ្ជាដ៍មានប្រយោជន៍មួយ ដែលអាចផ្ទុកបានទូរ្យពត៌មាន ច្រើនសម្បើមនៅក្នុងទំហំដ៏តូចល្អិតមួយនេះ ។ ដួយណែនាំកូនរបស់អ្នក ឱ្យចេះរៀបប្លង់បង្កើតជាក្របចំណងជើង CD របស់គេ ។

2. មុនដំបូង សាកសួរកូនរបស់អ្នកអំពីពត៌មានអ្វីខ្លះ ដែលគេនឹងថតទុកនៅក្នុងចាស CD មួយនោះ៖ ចំរៀង, រូបភាព, ឬទិន្នន័យពត៌មានណាផ្សេងពីនេះទ្យេត ។ កូនរាវ់អ្នកអាចជ្រើសរើសរចនា ប្រតិដ្ឋនរូបភាពទំនើបច្ចុំណាមួយនៃ កម្មវិធីកុមព្យួទ័រ ទៅតាមចំណង់ចំណូលចិត្តរបស់គេ ។

3. ដួយណែនាំកូនរបស់អ្នក ឱ្យកាត់ត្រង់កន្លែងដែលមានគំនូសរាងបួនផ្សេងៗការចេញ ហើយគូរផ្លិតវាទៅលើប្រដាស មួយសន្លឹកដើម្បីធ្វើជាចំណងជើងសំបកចាស ។ បន្ទាប់មក ដួយណែនាំកូនរបស់អ្នក ឱ្យកាត់ត្រង់កន្លែងដែល មានពណ៌ាខ្មៅចេញ ហើយដាក់វត្ថុដែលមាន រាងដូចជាចាសនេះ ហើយគូរផ្លិតដើម្បីធ្វើជាក្របចំណងជើងចាស ។

4. ដួយលើកទឹកចិត្តដល់កូនរបស់អ្នក ឱ្យជាត់ពណ៌ និងតុបតែងលំអរក្របចំណងជើងចាស CD ប្រឌិតរបស់គេ ។ ដួយរំព្ញកកូនរបស់អ្នក ឱ្យសរសេរចំណងជើងចាស CD នៅលើក្របចំណងជើង ឱ្យបានយ៉ាងហោចណាស់ ក៏មួយដែរ ។

ដោយក្ដីស្មោះស្ម័គ្រ

Home Activity
Design a CD

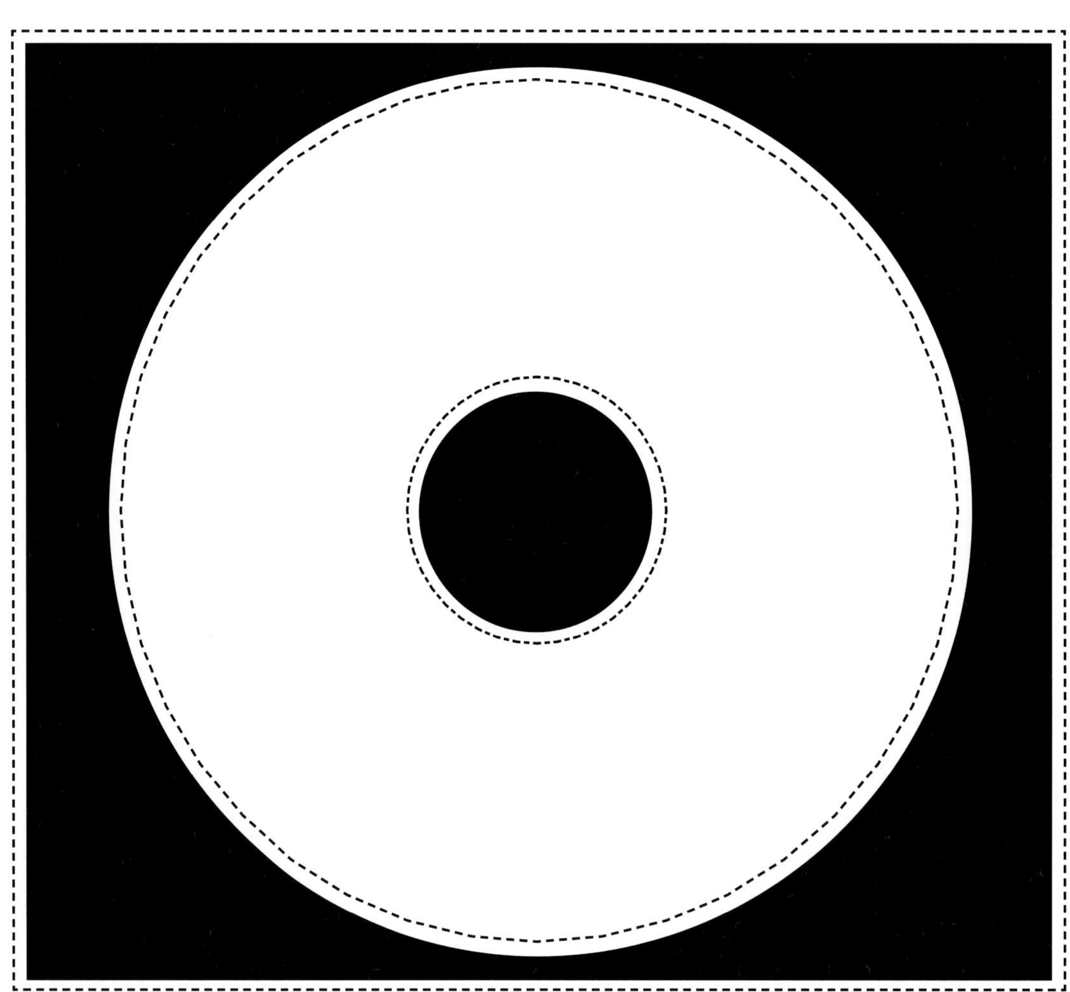

Directions:

1. The compact disc, or CD, is a useful technological invention that can store lots of information in a small space. Help your child design his or her own CD labels.

2. First, ask your child what information he or she would store on a CD—music, photos, or other data. Your child can choose to invent a new kind of software.

3. Help your child cut out the square and trace it on a piece of paper to make the case label. Then help your child cut away the black areas and trace this disc shape to make the disc label.

4. Encourage your child to color and decorate the labels for his or her fictional CD. Remind your child to write the CD's title on at least one of the labels.

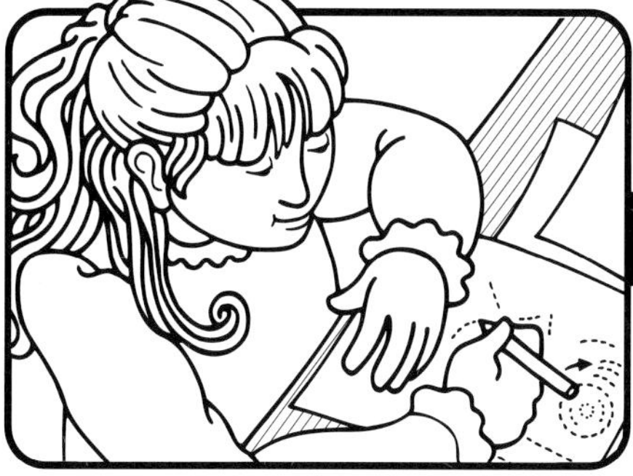

toy inventions

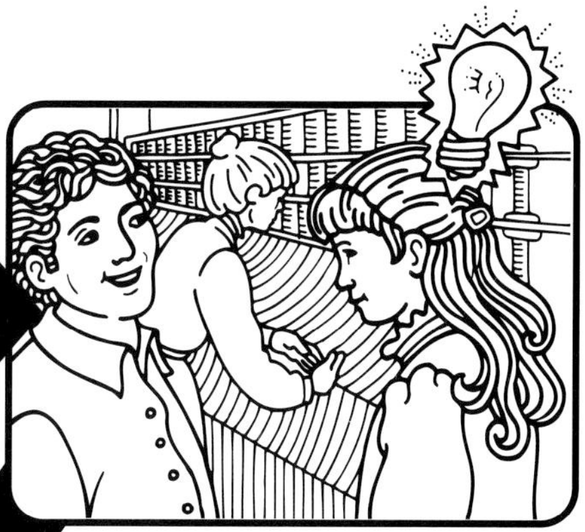

safety idea

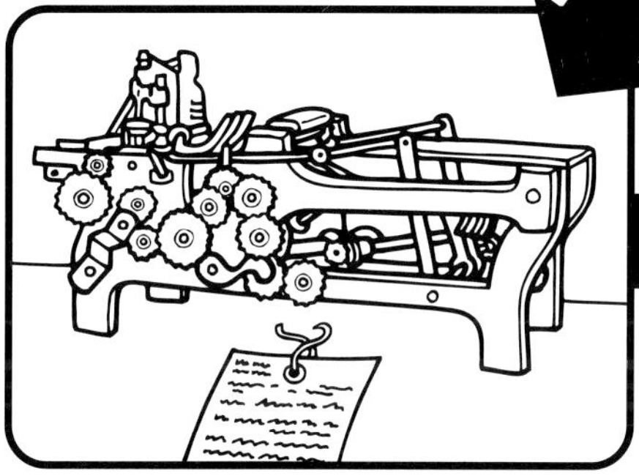

machine to make bags

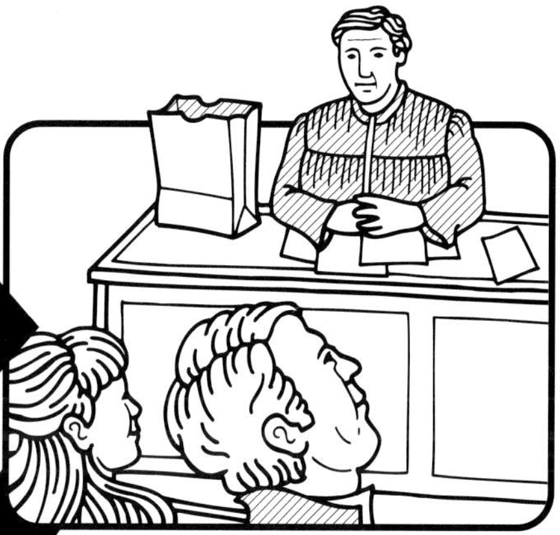

court

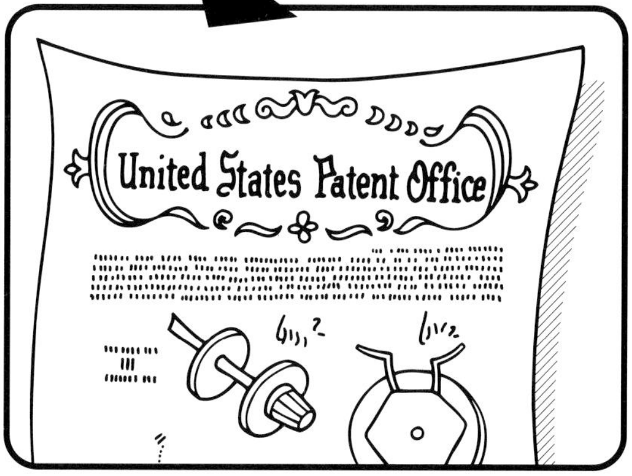

patent

Dear Family,

Our class is ready to begin Unit 7 of *On Our Way to English*. Your child is learning about Earth, the moon, and the sun. Some new words that your child will learn are *astronaut, communications, crater, cycles, experiments, gravity, lasers, launch, lunar, meteorites, oxygen, planetarium, satellite, telescopes,* and *weightless*.

- Our class will read a story called *The Moon Olympics*. This story takes place in 2176. It is about a boy who competes in an athletic competition on the moon. Your child will bring home a picture that shows what happens in the story. Ask your child to use the picture to retell the story in English or in your home language.

Also, your child will bring home an activity about the moon. Please take the time to do this Home Activity together. These are the directions as they appear on the activity:

Home Activity

The Moon and Earth

Directions:

1. Compare Earth to the moon. Help your child find the differences between Earth and the moon.
2. Help your child find pictures of Earth and the moon in books or in an encyclopedia. Invite your child to draw a picture of each on the chart.
3. Complete the chart together.
4. Talk about the differences between Earth and the Moon.

Sincerely,

____

Estimada familia:

Nuestra clase está lista para empezar la Unidad 7 de *On Our Way to English*. Su hijo o hija aprenderá sobre la Tierra, la Luna y el Sol. Algunas de las palabras nuevas que aprenderá son: *astronaut, communications, crater, cycles, experiments, gravity, lasers, launch, lunar, meteorites, oxygen, planetarium, satellite, telescopes* y *weightless*.

- Nuestra clase leerá el cuento *The Moon Olympics*. Este cuento se desarrolla en el año 2176 y trata de un niño que participa en una competencia deportiva en la Luna. Su hijo o hija llevará a casa una ilustración sobre lo que sucede en el cuento. Pídale que con ayuda de la ilustración cuente el cuento en inglés o en su lengua materna.

Además, su hijo o hija llevará a casa una actividad sobre la Luna. Por favor, dedique tiempo para realizar esta actividad junto con él o ella. Estas son las instrucciones que aparecen en la actividad:

Actividad para hacer en casa
La Luna y la Tierra

Instrucciones:

1. Comparen la Tierra con la Luna. Ayude a su hijo o hija a encontrar las diferencias entre las dos.
2. Ayúdele a encontrar fotografías de la Tierra y la Luna en libros o en una enciclopedia, y pídale que dibuje ambos en la tabla.
3. Llene la tabla junto con él o ella.
4. Hable sobre las diferencias entre la Tierra y la Luna.

Atentamente,

____

Kính Gửi Phụ Huynh Học Sinh,

Lớp chúng tôi đã sẵn sàng bắt đầu Bài Số 7 của giáo trình *On Our Way to English*. Con quý vị sẽ học về Trái Đất, mặt trăng và mặt trời. Một số từ mới mà cháu sẽ học là *astronaut, communications, crater, cycles, experiments, gravity, lasers, launch, lunar, meteorites, oxygen, planetarium, satellite, telescopes,* và *weightless.*

- Lớp chúng tôi sẽ đọc một câu chuyện có tên *The Moon Olympics*. Bối cảnh câu chuyện diễn ra vào năm 2176. Câu chuyện kể về một cậu bé tham gia vào một cuộc thi đấu thể thao diễn ra trên mặt trăng. Con quý vị sẽ đem về nhà một bức tranh miêu tả diễn biến của câu chuyện. Hãy yêu cầu cháu dựa vào bức tranh để kể lại câu chuyện bằng tiếng Anh hay tiếng mẹ để của mình.

Con quý vị cũng sẽ đem về một bài tập về mặt trăng. Quý vị hãy giành chút thời gian để cùng làm Bài Tập Ở Nhà này với cháu. Các chỉ dẫn sau sẽ xuất hiện trên bài tập:

Bài Tập Ở Nhà
Mặt Trăng và Trái Đất

Chỉ Dẫn:

1. So sánh Trái Đất với mặt trăng.Giúp con quý vị tìm ra những sự khác biệt giữa Trái Đất và mặt trăng.

2. Giúp cháu tìm các tranh ảnh miêu tả Trái Đất và mặt trăng trong sách báo hay từ điển bách khoa toàn thư. Bảo cháu vẽ vào bảng một bức tranh miêu tả Trái Đất và một bức tranh miêu tả mặt trăng.

3. Hãy cùng nhau hoàn tất bảng.

4. Nói chuyện với cháu về những điểm khác biệt giữa Trái Đất và mặt trăng.

Kính thư,

Hawm txog Tsoom Niam Txiv,

Peb chav kawm npaj txhij los pib Nqe 7 ntawm *On Our Way to English*. Nej tus menyuam tabtom kawm txog daim Niam Av, lub hli, thiab lub hnub. Tej lo lus tshiab nws yuav kawm yog *astronaut, communications, crater, cycles, experiments, gravity, lasers, launch, lunar, meteorites, oxygen, planetarium, satellite, telescopes,* thiab *weightless*.

- Peb chav kawm yuav nyeem ib zaj dabneeg hu ua *The Moon Olympics*. Zaj dabneeg nov muaj tawm xyoo 2176. Yog hais txog ib tus tub uas sib twv kev ua yeebyam saum lub hli. Nej tus menyuam yuav nqa los tsev ib daim duab qhia txog yam tshwmsim hauv zaj dabneeg. Hais kom nws rov piav zaj dabneeg dua ua lus Aakiv lossis nej hom lus tom tsev.

Thiab, nej tus menyuam yuav nqa los tsev ib yam dejnum txog lub hli. Muab sijhawm los ua Tes Dejnum tom Tsev nov uake. Nov yog cov hau kev qhia ua tes dejnum:

Dejnum tom Tsev
Lub Hli

Cov Hau Kev Qhia:

1. Piv daim Niam Av rau lub hli. Pab nej tus menyuam nrhiav qhov txawv ntawm daim Niam Av thiab lub Hli.
2. Pab nws nrhiav cov duab Niam Av thiab lub hli hauv cov phau ntawv lossis hauv ib phau encyclopedia. Caw kom nws kos ib daim duab ntawm txhua yam rau saum daim duab teev.
3. Ntxiv daim duab teev uake.
4. Tham txog qhov txawv ntawm daim Niam Av thiab lub Hli.

Ua tsaug ntau,

____

親愛的家長：

我們現在要開始上*On Our Way to English*的第7單元。您的孩子正在學習地球、月球和太陽，並將會學習到下列的一些新字：*astronaut, communications, crater, cycles, experiments, gravity, lasers, launch, lunar, meteorites, oxygen, planetarium, satellite, telescopes*和*weightless*。

- 我們會在課堂上讀到一個名叫*The Moon Olympics*的故事，故事的時代背景是2176年，講述一個小男孩在月球上參加運動比賽的故事。您的孩子會把一幅有關故事內容的圖畫帶回家。請您的孩子利用這幅畫以英語或您們家中所用的語言把這個故事再説一遍。

此外，您的孩子還將進行一項有關月球的家庭活動。請抽空與孩子一起進行這項家庭活動。以下是如何活動的指示：

家庭活動

月球和地球

指示：

1. 比較地球與月球。幫助孩子找出地球和月球之間的分別。
2. 幫助孩子在書本或百科全書上找出地球和月球的圖片。請孩子在圖表上各畫一幅地球和月球的圖畫。
3. 一起完成圖表。
4. 談談地球和月球的分別。

敬上

Chè fanmi,

Klas nou an prè pou l kòmanse 7èm Inite nan liv *On Our Way to English*. Pitit ou an ap aprann konsènan Latè, lalin, ak solèy la. Kèk nouvo mo pitit ou an pral aprann se *astronaut, communications, crater, cycles, experiments, gravity, lasers, launch, lunar, meteorites, oxygen, planetarium, satellite, telescopes*, epi *weightless*.

- Klas nou an pral li yon istwa ki rele *The Moon Olympics*. Istwa sa a rive nan ane 2176. Li pale konsènan yon ti gason ki ap fè konpetisyon nan yon konkou atletik nan lalin. Pitit ou an pral pote lakay li yon foto ki montre ki sa k ap pase nan istwa a. Mande pitit ou an pou li itilize foto an pou li rakonte istwa a ankò an anglè oswa nan lang natif natal ou.

Epi, pitit ou an pral pote lakay li yon aktivite osijè lalin. Tanpri pran tan pou fè Aktivite Lakay sa a ansanm. Men enstriksyon yo jan yo parèt nan aktivite a :

Aktivite Lakay
Lalin Ak latè

Enstriksyon :

1. Konpare latè ak lalin nan. Ede pitit ou an fè diferans ant latè ak lalin.
2. Ede pitit ou an jwenn foto latè ak lalin nan liv oswa nan yon ansiklopedi. Mande pitit ou an pou l desine yon foto pou chak nan tablo a.
3. Fini tablo a ansanm.
4. Pale sou diferans ki genyen ant latè ak lalin.

Sensèman,

학부모님께,

저희 학급은 곧 *On Our Way to English* 제 7과를 시작할 예정입니다. 학생들은 지구, 달, 해에 관해 배울 것입니다. 학생들이 배울 새 단어는 *astronaut, communications, crater, cycles, experiments, gravity, lasers, launch, lunar, meteorites, oxygen, planetarium, satellite, telescopes, weightless* 등입니다.

- 저희 학급에서는 또한 *The Moon Olympics*라는 이야기책을 읽을 것입니다. 이 책의 배경은 2176년이며 내용은 달에서 개최되는 스포츠 대회에 참가하는 한 소년에 관한 것입니다. 학생들은 이야기책에서 일어났던 일을 보여주는 그림을 집으로 가져갈 것입니다. 가정에서는 자녀가 그림을 이용하여 책의 내용을 영어나 모국어로 다시 이야기할 수 있도록 지도해 주십시오.

또한, 달에 관한 학습지를 집에 가져갈 것입니다. 학부모님은 시간을 내어 가정학습지를 자녀와 함께 하여 주십시오. 다음은 학습지 상에서 보실 수 있는 지침입니다.

가정학습지

달과 지구

지침

1. 지구와 달을 비교해 봅시다. 자녀가 지구와 달의 다른 점을 찾아보도록 도와 주십시오.
2. 자녀와 함께 책이나 백과사전에서 달과 지구의 사진 또는 그림을 찾으십시오. 그리고, 자녀가 도표에 그것을 그리도록 도와 주십시오.
3. 도표를 자녀와 함께 완성하십시오.
4. 지구와 달의 다른 점에 관해 이야기를 나눕니다.

감사합니다.

ជូនចំពោះគ្រួសារ,

ថ្នាក់រៀនរបស់យើងកំពុងរៀបចំ ចាប់ផ្ដើមសិក្សាភាគទី 7 នៃកម្មវិធី *On Our Way to English* ។ កូនរបស់ អ្នកនឹងត្រូវបានសិក្សាអំពីព្រះធរណី(ផែនដី) ព្រះចន្ទ និងព្រះអាទិត្យ ។ ពាក្យថ្មីៗដែលកូនរបស់ អ្នកនឹងត្រូវសិក្សាក្នុងកម្មវិធី នេះ មានដូចជា៖ *astronaut, communications, crater, cycles, experiments, gravity, lasers, launch, lunar, meteorites, oxygen, planetarium, satellite, telescopes,* និង *weightless* ។

- ថ្នាក់របស់យើងនឹងនឹងរៀនអានរឿងមួយ ដែលមានចំណងជើងថា *The Moon Olympics* ។ រឿងនេះ នឹងចាប់បងិសន្ធិឡើងក្នុងឆ្នាំ 2176 ។ វានិយាយអំពីក្មេងប្រុសម្នាក់ ដែលខំប្រឹកប្រែដែងក្នុងការប្រកួត កីឡាអត្តពលកម្ម មួយនៅលើព្រះចន្ទ ។ កូនរបស់អ្នកនឹងយករូបភាព ដែលបង្ហាញអំពីព្រឹត្តិការណ៍ ក្នុងសាច់រឿងនេះ មកមើលនៅឯផ្ទះ ។ ចូរសុំកូនរបស់អ្នក ឱ្យនិយាយអំពីរឿងនេះជាភាសាអង់គ្លេស ប្ញជាភាសាកំណើតរបស់អ្នកសារឡើងវិញ ។

កូនរបស់អ្នកក៏នឹងនាំយកសកម្មភាពស្ដីពីព្រះចន្ទ មកផ្ទះវិញដែរ ។ សូមអ្នកមេត្តាចែករំលែកពេលវេលា ធ្វើសកម្មភាពប្រចាំផ្ទះ នេះជាមួយគ្នា ។ នេះគឺជាសេចក្ដីណែនាំ ដូចមានចែងនៅលើសកម្មភាពនេះស្រាប់៖

សកម្មភាពប្រចាំផ្ទះ៖

ព្រះចន្ទ និង ព្រះធរណី

សេចក្ដីណែនាំ៖

1. ចូរប្រៀបធៀបព្រះធរណីទៅនឹងព្រះចន្ទ ។ ជួយណែនាំកូនរបស់អ្នក ឱ្យរកមើលនូវភាពខុសគ្នា ផ្សេងៗរវាង ព្រះធរណី និងព្រះចន្ទ ។

2. ជួយណែនាំកូនរបស់អ្នក ឱ្យគូស្វែងរករូបភាពនៃ ព្រះធរណី និងព្រះចន្ទនៅក្នុងសៀវភៅនានា ប្ញនៅក្នុងសៀវ វចនាធិប្បាយ ។ សុំឱ្យកូនរបស់អ្នកគូ រូបភាពមួយសម្រាប់ព្រះធរណី និងមួយទៀតសម្រាប់ ព្រះចន្ទដាក់ក្នុង តុន្លសតារាង ។

3. ចូរអ្នកទាំងពីរបំពេញតារាងនេះជាមួយគ្នា ។

4. ចូរនិយាយរៀករៀកអំពីភាពខុសគ្នាផ្សេងៗរវាងព្រះធរណី និងព្រះចន្ទ ។

ដោយក្ដីស្មោះស្ម័គ្រ

Home Activity
The Moon and Earth

	The Earth	The Moon
Size		
Surface		
Gravity		
Important Facts		

Directions:

1. Compare Earth to the moon. Help your child find the differences between Earth and the moon.
2. Help your child find pictures of Earth and the moon in books or in an encyclopedia. Invite your child to draw a picture of each on the chart.
3. Complete the chart together.
4. Talk about the differences between Earth and the Moon.

Name ____

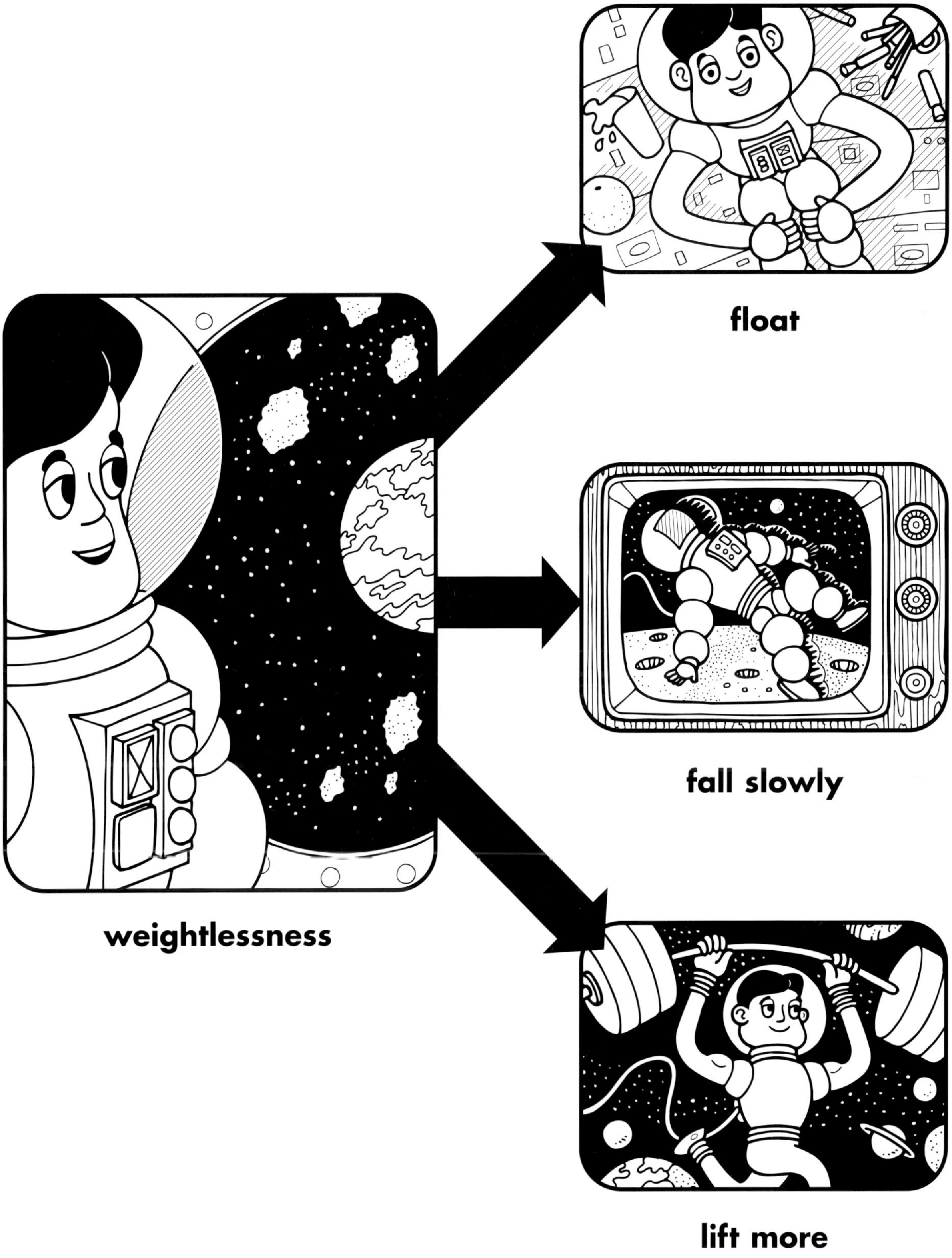
weightlessness
float
fall slowly
lift more

Dear Family,

Our class is ready to begin Unit 8 of *On Our Way to English*. Your child is learning about plants and animals. Some new words that your child will learn are *systems, cells, vessels, muscles, oxygen, nourishing, exercise, nutrients, environment, coordinates, temperature,* and *healthy*.

- Our class will read a book called *Plants Are Alive!* The book is about the parts of flowering plants and how plants get the food and water they need to grow. Your child will bring home a picture that shows what happens in the book. Ask your child to use the picture to retell the book in English or in your home language.

Also, your child will bring home an activity about trees. Please take the time to do this Home Activity together. These are the directions as they appear on the activity:

Home Activity
Growth Rings

Directions:

1. A tree's growth can be traced by looking at its rings. Help your child make growth rings for his or her own life.
2. Talk about important events in your child's life over the past five years. Help your child to choose one event for each year.
3. Beginning in the center, invite your child to record these important events in the growth rings above. For each year, encourage your child to write a short sentence or words about the event in the corresponding ring.
4. Talk to your child about the events you remember from your childhood.

Sincerely,

____

Estimada familia:

Nuestra clase está lista para empezar la Unidad 8 de *On Our Way to English*. Su hijo o hija aprenderá sobre las plantas y los animales. Algunas de las palabras nuevas que aprenderá son: *systems, cells, vessels, muscles, oxygen, nourishing, exercise, nutrients, environment, coordinates, temperature* y *healthy*.

- Nuestra clase leerá el libro *Plants Are Alive!* Este libro trata de las partes de las plantas con flores y de cómo las plantas obtienen el alimento y el agua para crecer. Su hijo o hija llevará a casa una ilustración sobre lo que sucede en el libro. Pídale que con ayuda de la ilustración cuente el libro en inglés o en su lengua materna.

Además, su hijo o hija llevará a casa una actividad sobre los árboles. Por favor, dedique tiempo para realizar esta actividad junto con él o ella. Estas son las instrucciones que aparecen en la actividad:

Actividad para hacer en casa
Anillos de crecimiento

Instrucciones:

1. El crecimiento de un árbol se puede ver en los anillos de su tronco. Ayude a su hijo o hija a trazar los anillos de crecimiento de su propia vida.
2. Hable sobre los sucesos importantes en la vida de su hijo o hija en los últimos cinco años. Ayúdele a escoger un suceso por cada año.
3. Invite a su hijo o hija a anotar estos sucesos en los anillos de crecimiento que aparecen arriba (empezando en el centro). Pídale que escriba para cada año unas palabras o una oración corta sobre el suceso en el anillo correspondiente.
4. Hable con su hijo o hija sobre los sucesos que recuerda de su propia niñez.

Atentamente,

Kính Gửi Phụ Huynh Học Sinh,

Lớp chúng tôi đã sẵn sàng bắt đầu Bài Số 8 của giáo trình *On Our Way to English*. Con quý vị sẽ học về thực vật và động vật. Một số từ mới mà cháu sẽ học là *systems, cells, vessels, muscles, oxygen, nourishing, exercise, nutrients, environment, coordinates, temperature,* và *healthy.*

- Lớp chúng tôi sẽ đọc một quyển sách có tên là *Plants Are Alive!* Quyển sách nói về các bộ phận của các loài cây cho hoa và cách chúng lấy thức ăn và nước từ môi trường để phát triển. Con quý vị sẽ đem về nhà một bức tranh miêu tả nội dung quyển sách. Hãy yêu cầu cháu dựa vào bức tranh để kể lại câu chuyện bằng tiếng Anh hay tiếng mẹ đẻ của mình.

Con quý vị cũng sẽ đem về một bài tập về các loại cây. Quý vị hãy giành chút thời gian để cùng làm Bài Tập Ở Nhà này với cháu. Các chỉ dẫn sau sẽ xuất hiện trên bài tập:

Bài Tập Ở Nhà
Vòng Tuổi

Chỉ Dẫn:

1. Ta có thể biết được tuổi của một cái cây bằng cách đếm số vòng vân trên thân gỗ của cây. Hãy hướng dẫn con quý vị vẽ những vòng tuổi cho chính cháu.

2. Hãy nói chuyện với cháu về các sự kiện quan trọng trong cuộc sống của cháu năm năm vừa qua. Giúp cháu chọn ra một sự kiện tiêu biểu cho mỗi năm.

3. Bảo cháu ghi lại các sự kiện này vào hình các vòng tuổi ở trên, bắt đầu ghi từ trung tâm. Cho cháu viết một câu ngắn vào vòng tuổi tương ứng cho mỗi năm.

4. Kể cho cháu nghe về những sự việc xảy ra cho quý vị hồi còn nhỏ mà quý vị còn nhớ.

Kính thư,

Hawm txog Tsoom Niam Txiv,

Peb chav kawm npaj txhij los pib Nqe 8 ntawm *On Our Way to English*. Nej tus menyuam tabtom kawm txog nroj thiab tsiaj. Tej lo lus tshiab nws yuav kawm yog *systems, cells, vessels, muscles, oxygen, nourishing, exercise, nutrients, environment, coordinates, temperature,* thiab *healthy.*

- Peb chav kawm yuav nyeem ib phau ntawv hu ua *Plants Are Alive!* Phau ntawv hais txog cov ntu ntawm cov tsob paj thiab xyuas saib nroj tau chiv thiab dej kom hlob licas. Nej tus menyuam yuav nqa los tsev ib daim duab qhia txog yam tshwmsim hauv phau ntawv. Hais kom nws rov piav phau ntawv dua ua lus Aakiv lossis nej hom lus tom tsev.

Thiab, nej tus menyuam yuav nqa los tsev ib yam dejnum txog cov ntoo. Muab sijhawm los ua Tes Dejnum tom Tsev nov uake. Nov yog cov hau kev qhia ua tes dejnum:

Dejnum tom Tsev
Voj Loj Hlob

Cov Hau Kev Qhia:

1. Paub tias kev loj hlob ntawm ib tsob ntoo los ntawm kev saib cov voj loj hlob. Pab nej tus menyuam tsim cov voj loj hlob hauv nws lub neej.
2. Tham txog cov txheejxwm tseemceeb hauv nej tus menyuam lub neej nyob tsib xyoo dhau los. Pub nws xaiv ib yam xwm tseemceeb hauv txhua lub xyoo.
3. Pib hauv plawv tuaj, hais kom nws kaw cov txheejxwm tseemceeb hauv cov voj loj hlob saum nov. Hauv txhua lub xyoo, txhawb nws sau ib zaj dabneeg luv txog yam txheejxwm raws lub voj.
4. Tham nrog nws txog cov txheejxwm uas nws nco los thaum yau.

Ua tsaug ntau,

親愛的家長：

我們現在要開始上*On Our Way to English*的第8單元。您的孩子正在學習認識動植物，並將會學習到下列的一些新字：*systems, cells, vessels, muscles, oxygen, nourishing, exercise, nutrients, environment, coordinates, temperature*和*healthy*。

- 我們會在課堂上讀到一本名叫*Plants Are Alive!*的書，這本書談的是開花植物的各部份以及植物如何攝取生長所需的食物和水分。您的孩子會把一幅有關書本內容的圖畫帶回家。請您的孩子利用這幅畫以英語或您們家中所用的語言把這本書的內容再說一遍。

此外，您的孩子還將進行一項有關樹木的家庭活動。請抽空與孩子一起進行這項家庭活動。以下是如何活動的指示：

家庭活動

樹的年輪

指示：

1. 我們可以憑觀察一棵樹的年輪來知道它的生長情況。幫助孩子製作他或她自己的成長年輪。
2. 談談過去五年內在孩子生活中發生過的大事。幫助孩子為每年選出一件大事。
3. 請孩子在上方的年輪記錄這些大事，從年輪中心開始。鼓勵孩子就每年的大事在相應的年輪上寫下一短句或一些字。
4. 和孩子談談在您記憶中自己的童年往事。

敬上

Chè fanmi,

Klas nou an prè pou l kòmanse 8èm Inite nan liv *On Our Way to English*. Pitit ou an ap aprann konsènan plant ak bèt yo. Kèk nouvo mo pitit ou an pral aprann se *systems, cells, vessels, muscles, oxygen, nourishing, exercise, nutrients, environment, coordinates, temperature*, epi *healthy*.

- Klas nou an pral li yon liv ki rele *Plants Are Alive!* Liv lan pale konsènan pati plant ki fè flè epi kouman plant yo fè jwenn manje ak dlo yo bezwen pou yo grandi. Pitit ou an pral pote lakay li yon foto ki montre ki sa k ap pase nan liv lan. Mande pitit ou an pou li itilize foto an pou li rakonte liv lan ankò an anglè oswa nan lang natif natal ou.

Epi, pitit ou an pral pote lakay li yon aktivite osijè pye bwa. Tanpri pran tan pou fè Aktivite Lakay sa a ansanm. Men enstriksyon yo jan yo parèt nan aktivite a :

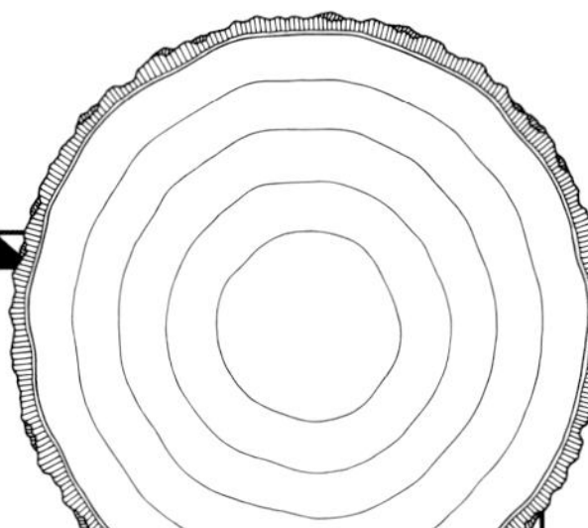

Aktivite Lakay
Bag

Enstriksyon :

1. Ou kapab retrase kwasans yon pye bwa lè w gade nan bag li. Ede pitit ou an fè bag pou lavi pa l.
2. Pale konsènan evenman enpòtan nan lavi pitit ou an pandan dènye senk an ki sot pase yo. Ede pitit ou an chwazi yon evenman chak ane.
3. Kòmanse nan mitan, mande pitit ou an pou l anrejistre evenman enpòtan sa yo nan bag lan anwo a. Pou chak ane, ankouraje pitit ou an ekri yon fraz kout oswa kèk mo konsènan evenman nan bag lan.
4. Pale avèk pitit ou an konsènan evenman ou sonje nan anfans ou.

Sensèman,

____

학부모님께,

저희 학급은 곧 *On Our Way to English* 제 8과를 시작할 예정입니다. 학생들은 식물과 동물에 대하여 배울 것입니다. 학생들이 배울 새 단어는 *systems, cells, vessels, muscles, oxygen, nourishing, exercise, nutrients, environment, coordinates, temperature, healthy* 등입니다.

- 저희 학급에서는 *Plants Are Alive!* 라는 책을 읽을 것입니다. 이 책은 꽃식물의 각 부분들과 식물들이 어떻게 성장에 필요한 물과 음식을 구하는지에 관한 것입니다. 학생들은 이야기책에서 일어났던 일을 보여주는 그림을 집으로 가져갈 것입니다. 가정에서는 자녀가 그림을 이용하여 책의 내용을 영어나 모국어로 다시 이야기할 수 있도록 지도해 주십시오.

또한, 나무에 관한 학습지를 집에 가져갈 것입니다. 학부모님은 시간을 내어 가정학습지를 자녀와 함께 하여 주십시오. 다음은 학습지 상에서 보실 수 있는 지침입니다.

가정학습지

나이테

지침

1. 나무의 나이는 나이테를 보면 알 수 있습니다. 자녀가 자신의 나이를 나이테로 표현해 보도록 도와주십시오.
2. 지난 5년 동안 자녀에게 일어난 중요한 사건들에 대해 이야기를 나누십시오. 한 해에 한 가지씩 중요한 사건을 고릅니다.
3. 가운데부터 시작하여 중요한 사건들을 한 개씩 차례대로 위에 있는 나이테에 써 넣도록 도와 주십시오. 나이테에 쓴 각 사건에 대해 짧은 문장이나 단어를 쓰도록 지도해 주십시오.
4. 자녀가 기억하지 못하는 어린 시절에 자녀에게 일어난 중요한 사건들에 대해서도 이야기해 주십시오

감사합니다.

ជូនចំពោះគ្រួសារ,

ថ្នាក់រៀនរបស់យើងកំពុងរៀបចំ ចាប់ផ្ដើមសិក្សាភាគទី 8 នៃកម្មវិធី *On Our Way to English* ។ កូនរបស់ អ្នកនឹងត្រូវបានសិក្សាអំពីរុក្ខជាតិនិងសត្វ ។ ពាក្យថ្មីៗដែលកូនរបស់អ្នកនឹងត្រូវសិក្សាក្នុងកម្មវិធីនេះ មានដូចជា៖ *systems, cells, vessels, muscles, oxygen, nourishing, exercise, nutrients, environment, coordinates, temperature,* និង *healthy* ។

- ថ្នាក់របស់យើងនឹងរៀនអានសៀវភៅមួយច្បាប់ ដែលមានចំណងជើងថា *Plants Are Alive!* សៀវ ភៅនេះនិយាយអំពីផ្នែកផ្សេងៗនៃដំពូករុក្ខជាតិដែលមានផ្កា និងអំពីបែបបទដែលរុក្ខជាតិទទួលចំណីអាហារនិងទឹក ដែលវា ត្រូវការសម្រាប់ទ្រទ្រង់ដល់ការដុះលូតលាស់របស់វា ។ កូនរបស់អ្នកនឹងយករូបភាព ដែលបង្ហាញអំពី ព្រឹត្តិការណ៍ក្នុងសៀវ ភៅនេះ មកមើលនៅឯផ្ទះ ។ ចូរសុំកូនរបស់អ្នក ឱ្យនិយាយអំពីសៀវភៅនេះជា ភាសាអង់គ្លេស ឬជាភាសាកំណើតរបស់ អ្នកសារឡើងវិញ ។

កូនរបស់អ្នកក៏នឹងនាំយកសកម្មភាពស្ដីពីដើមឈើ មកផ្ទះដែរ ។ សូមអ្នកមេត្តាចែករំលែកពេលវេលា ធ្វើសកម្មភាពប្រចាំផ្ទះ នេះជាមួយគ្នា ។ នេះគឺជាសេចក្ដីណែនាំ ដូចមានចែងនៅលើសកម្មភាពនេះស្រាប់៖

សកម្មភាពប្រចាំផ្ទះ៖
កង់អាយុ

សេចក្ដីណែនាំ៖

1. គេអាចដឹងអាយុរបស់ដើមឈើបានដោយមើលស្នាមកងនៅក្នុងសាច់របស់វា ។
   ជួយណែនាំកូនរបស់អ្នក ឱ្យធ្វើ កង់អាយុសម្រាប់រយៈកាលរបស់គេ ។

2. ចូរវិទានវិញ្ញាអំពីព្រឹត្តិការណ៍សំខាន់ៗប្រចាំជីវិតកូនរបស់អ្នកកាលពីប្រាំឆ្នាំកន្លងទៅ ។
   ជួយណែនាំកូនរបស់អ្នក ឱ្យគេជ្រើសរើសយកព្រឹត្តិការណ៍មួយជារៀងរាល់ឆ្នាំ ។

3. ចាប់ផ្ដើមពីកណ្ដាលមុន ឱ្យកូនរបស់អ្នកកត់ត្រានូវព្រឹត្តិការណ៍សំខាន់ៗទាំងនេះ
   ទុកក្នុងកង់អាយុខាងលើនេះ ។ រៀងរាល់មួយឆ្នាំម្ដង សូមជួយលើកទឹកចិត្តដល់កូនរបស់អ្នក
   ឱ្យសរសេរជាប្រយោគខ្លីមួយ ឬជាពាក្យពណ៌នា អំពីព្រឹត្តិការណ៍ផ្សេងៗនៅក្នុងកង់អាយុនេះ ។

4. និយាយជាមួយកូនរបស់អ្នកអំពីព្រឹត្តិការណ៍ផងទាំងឡាយ ដែលអ្នកនៅចងចាំពីវ័យកុមារភាព
   របស់អ្នក ។

ដោយក្ដីស្មោះស្ម័គ្រ

Home Activity
Growth Rings

Directions:

1. A tree's growth can be traced by looking at its rings. Help your child make growth rings for his or her own life.

2. Talk about important events in your child's life over the past five years. Help your child to choose one event for each year.

3. Beginning in the center, invite your child to record these important events in the growth rings above. For each year, encourage your child to write a short sentence or words about the event in the corresponding ring.

4. Talk to your child about the events you remember from your childhood.

Cause

Effects

no water to roots

wilted and dry

no sunlight

white spots

colored water

colored flower

Pulse of Life